CULTO AL SILENCIO

Mildred Sierra

Ibukku es una editorial de autopublicación. El contenido de
esta obra es responsabilidad del autor y no refleja necesariamente las opiniones de la casa editora.

Derechos Reservados: © Mildred Sierra 2016
Publicado por **Ibukku** 2016
www.ibukku.com
Maquetación: **Índigo estudio gráfico**
ISBN Paperback: 978-1-944278-65-6
ISBN ebook: 978-1-944278-66-3
Library of Congress Control Number: 2016943243

Contenido

Agradecimientos

L a elaboración y compromiso de escribir este libro ha sido de gran importancia en mi desempeño como ministro del evangelio y consejera de parte Dios.

De no haber sido por la colaboración y ayuda de mi amado esposo y mi hija Karen, no hubiera sido completada en el tiempo requerido y sobre todo su paciencia y en su asistencia en la misma no hubiera tenido una terminación exitosa.

Les doy las más emotivas gracias a mi esposo y mi hija por toda la ayuda tan valiosa, por su tiempo y por su paciencia.

También quiero agradecer a mis hijos Luis y Alex con su colaboración, amor y confianza en el transcurso de sus vidas. Hijos míos, los tres, han sido mi motor que me han impulsado a proseguir hacía adelante.

Dedicatoria

Quiero dedicar este libro a todas las mujeres que han sufrido por el crimen de la violencia doméstica y han tomado la decisión de romper con este ciclo y co-dependencia. Quiero felicitar a todas ellas, que han tomado el tiempo para sobreponerse a este mal. Gracias por ser tan valientes y llevar a cabo el proceso de sanarse y desarrollarse como mujeres poderosas y emprendedoras. Gracias por decir no al maltrato y defender a sus hijos y pelear por su familia. Ustedes son hoy un testimonio vivo que con el amor del Señor Jesucristo y en su caminar pueden salir adelante, llevando sus hijos a una vida con propósito en Jesús. Ustedes son una motivación para todas aquellas mujeres que todavía no han podido salir de este crimen. El ministerio no vale más que una vida plena y saludable en Cristo. Tu ministerio Él te lo dio nadie te lo puede quitar.

También se la dedico a todas aquellas pastoras y ministros que han estado a mi lado en mi formación, que me han encaminado en mi ministerio. Ustedes han sido un modelo a seguir. A todos ellos les doy las gracias y le muestro que todo ese tiempo, amor y paciencia ha dado fruto. Hoy estoy terminando un doctorado en las artes de la consejería con una certificacion de la misma porque su dedicación y tiempo no fueron perdidos. Soy un hermoso y maravilloso ejemplo de sus sacrificios y consejos Puedo decirles que pondré toda mi pasión para ayudar y educar a aquellos que mas necesitan y que son desafortunados en nuestra sociedad y en la iglesia del Señor Jesucristo. Gracias por confiar en mí, les amo!!!

Introducción

L os Hopkins no solamente ostentaban el título de familia pastoral de la "Iglesia Tabernáculo Inspiracional de Dios" en Jackson Alabama, sino que ellos también eran considerados una familia modelo.

En la mañana del 5 de diciembre del 2004, el pastor y padre de familia el señor Hopkins, dio por desaparecida a su amada esposa insistiendo en que ella los había abandonado.

El pastor Hopkins después de este episodio ganó mayor admiración en la comunidad por su aparente actitud de padre virtuoso y por la forma militar, educada y respetuosa que mostraban sus seis hijas en todo momento. Muy lejos estaban sus seguidores de comprender el frio y macabro secreto que escondía el pastor Hopkins en el refrigerador.

La aparente sobriedad y respeto con la que sus hijas se comportaban sumado al hecho de la popularidad de su banda musical compuesta por ellas y su padre, extendió su fama por cientos de ciudades donde el pastor era continuamente solicitado como predicador, las iglesias eran conmovidas e inspiradas por sus palabras y por las voces dulces y talentosas de sus hijas, que desempeñaban una profunda influencia a través de sus cantos espirituales durante los servicios de adoración.

Lamentablemente la trágica noticia de que la esposa del pastor Hopkins había sido asesinada por su esposo y permaneció escondida por años en un congelador de su casa, se hizo pública no porque el pastor arrepentido hubiera declarado su pecado, ni mucho menos porque la iglesia o algún líder eclesiástico se hubiese tomado su tiempo para investigar y encontrar la verdad del aparente abandono de hogar de la señora Hopkins, fue la hija que llegando a su límite denunció a su padre ante la policía.

Ya el pastor está preso y condenado de por vida. Su esposa sepultada y sus hijas sin padres y llevando el recuerdo en sus mentes de la realidad de que es posible ser un líder de una iglesia y al mismo tiempo ser el asesino de tu madre y lo que podría ser también devastador, es que no existió un solo líder, pastor o comunidad cristiana con la actitud decidida para investigar, cuestionar e ir más allá de las pocas respuestas que el pastor ofrecía o simplemente sospechar de que el comportamiento de aquella familia pastoral era perfecta, "demasiado perfecta", nadie hizo nada. Muy triste final.

CAPÍTULO 1
VIOLENCIA

D eseara expresar que el trágico desenlace del pastor Hopkins con su esposa es un caso aislado, pero lamentablemente son muchos los casos de condenatoria judicial a líderes evangélicos por matar o hacer daño físico o mental a sus esposas.

Presento argumentos contundentes de la problemática de la violencia doméstica en líderes laicos así como autoridades eclesiásticas y población en general que forma parte de la iglesia.

Esta conducta censurable dentro de la iglesia a es una realidad silenciada que genera consecuencias de separación en las relaciones familiares y con la sociedad, los cristianos de este siglo aún tenemos este mal presente y debemos erradicarlo, para que no continúe haciendo el daño psicológico, espiritual, económico y social que es generado por la violencia.

La falta de orientación y de sanidad emocional en los victimarios y en las víctimas de violencia, está haciendo que la iglesia de Cristo violente el pacto de amor y fidelidad hecho a Dios en los altares, atrayendo como una consecuencia la separación de matrimonios y sus dolorosas y profundas heridas que quedan en los hijos y los cónyuges.

Violencia

Es la interacción humana que se manifiesta en aquellas conductas o situaciones que, de forma deliberada, aprendida o imitada, provocan o amenazan con hacer un daño o sometimiento grave (físico, sexual o psicológico) a un individuo

9

o a varios; o los afectan de tal manera que limitan sus potencialidades en el presente o el futuro.

El elemento esencial en la violencia es el daño, tanto físico como psicológico. Este puede manifestarse de múltiples maneras (por ejemplo, los estímulos nocivos de los que depende) y asociado igualmente, a variadas formas de destrucción: lesiones físicas, humillaciones, amenazas, rechazo, etc.

¿Qué es la violencia doméstica?

Debería ser considerado un delito grave en todas las naciones del mundo, sin embargo en algunas culturas la violencia doméstica se mide con parámetros machistas arraigados a su cultura.

Es una actitud que podría llevar al maltrato físico, sexual, psicológico o emocional de una actual o previa pareja íntima y/o algún miembro de la familia. Debemos conocer que la violencia doméstica es un crimen y conlleva un proceso judicial donde podrían tener hasta una sentencia que se paga con cárcel, al menos en Estados Unidos.

Pacto según las Escrituras

Convenio que expresa la relación especial de Dios con su pueblo y resume la forma y estructura de la religión bíblica en ambos testamentos. La palabra hebrea "berit" aparece doscientas ochenta y cinco veces en el Antiguo Testamento y la palabra griega "diatheke" aparece treinta y tres veces en el Nuevo Testamento, ambas se traducen con el significado de "pacto".

El compromiso matrimonial es un pacto tal como lo expresa Malaquías 2:14

"Más diréis: ¿Por qué? Porque Jehová ha testiguado entre ti y la mujer de tu juventud, contra la cual has sido desleal, siendo ella tu compañera, y la mujer de tu pacto."

Los conflictos en la pareja

De acuerdo con el Dr. José Antonio García Higuera, los conflictos entre las parejas generan problemas de salud en los miembros de la pareja y los hijos. Se analiza la situación de la pareja como institución en la sociedad actual, como se estructura interna y externamente la pareja, se repasan también las áreas de conflicto más comunes, qué y se desencadenan, la forma que toman y como se resuelven.

Las estadísticas dicen que los conyugues dentro del matrimonio viven más y tienen mayor calidad de vida, si no existen conflictos entre ellos.

Pero los conflictos producen: enferman mental (depresión, trastorno bipolar, abuso del alcohol, violencia) y enfermedades físicas (corazón, cáncer, enfermedades inmunológicas, dolor crónico). Hasta aumentan la probabilidad de accidentes de tráfico, incluyendo los accidentes mortales.

Los conflictos entre la pareja generan también problemas en los hijos (problemas de conducta, depresión y problemas para alcanzar la intimidad).

¿Qué es sanidad interior?

Es el proceso mediante el cual una persona de forma voluntaria, acepta renunciar a todo aquello que le ata al pasado con negativas conductas de comportamiento, la persona acepta ser liberada y sanada de heridas y de traumas ocasionadas por otras personas o por hechos que vivió durante alguna etapa de su vida, tan impactantes como presenciar un acto violento, una muerte, un accidente, algún abuso momentáneo, etc. Estas heridas que le impiden disfrutar la vida abundante que se puede vivir gracias al amor y el perdón de Cristo. Esto implica una transformación y una renovación de nuestra alma, voluntad, emociones y mente por medio de la Palabra de Dios y del Espíritu Santo.

Jesús pagó por completo

La obra de Jesús en la cruz del Calvario ofrece mucho más que el perdón de pecados; también ofrece el pago completo del ser integral: espíritu, alma y cuerpo. Si hay creyentes que todavía no andan en completa libertad, es porque no se han apropiado de la obra completa de nuestro Señor.

2 Corintios 5.17.
"De modo que si alguno está en Cristo, nueva criatura es; las cosas viejas pasaron; he aquí todas son hechas nuevas".

Las personas creen que una vez que reciben a Cristo, se acaban todos los problemas y que todo es hecho nuevo. La pregunta es: ¿en qué parte de su ser total fue hecho todo nuevo? Fue en el espíritu; el alma y el cuerpo siguen siendo los mismos.

Cuando nuestra alma sale del dolor y la depresión que nos encadena, hemos destruido toda conexión al abusador y podemos comenzar con una sanidad que está disponible a los pies del maestro. La libertad que Jesús nos ha dado es en todo aspecto como persona. (José Antonio García Higuera. Miembro del equipo de Psicoterapeutas.com)

Quebrantar significa: Romper, separar con violencia las partes de un todo; en el caso de un corazón, es uno que un corazón que está hecho pedazos por causa de las heridas. Jesús vino al mundo para tomar cada pedazo de su corazón y todo aquello de su vida que está desquebrajado para unirlo y sanar toda herida, rechazo, amargura, falta de perdón, culpabilidad.

¿Por qué debemos enfrentar la verdad?

"Dijo entonces Jesús a los judíos que habían creído en él: "Si vosotros permanecéis en mi palabra, seréis verdaderamente mis discípulos; y conoceréis la verdad y la verdad os hará libres". Juan 8.31, 32

Cuando intenta esconder detrás de la puerta del dolor a las emociones dañadas y a las heridas en su alma, usted va a tener que regresar a través de la misma puerta para adquirir su libertad. ¿Se está escondiendo porque la verdad es muy dolorosa? Cada área a liberar va a requerir enfrentar o ver una verdad, la cual siempre trae dolor con ella; pero recordemos que ésa es su salida a la libertad integral de su ser.

La falta de perdón

Hoy día, uno de los mayores problemas del cuerpo de Cristo, es la falta de perdón. Esto trae, como consecuencia, que los creyentes heridos, a Su vez, hieran a otros. La falta de perdón es una puerta abierta al enemigo para destruir nuestra vida espiritual, emocional y física.

El perdón

Perdonar es auto liberarse de sentimientos amargos que crean pensamientos nocivos para la salud emocional, física y espiritual. El perdón no únicamente implica olvidar el perjuicio o daño que alguna persona haya causado a nuestra vida, también y posiblemente aún más importante es perdonar mis propias acciones equivocadas en las cuales yo he causado heridas a mi propia identidad. Mucho se dice acerca de perdonar al enemigo, por supuesto que es una de las enseñanzas de Jesús Cristo que más se ha promovido cuando hablamos acerca del perdón.

El primer paso para llegar a la seguridad de que hemos sido perdonados por Jesucristo en su muerte y resurrección, es perdonar mi propia deficiencia, perdonar mis fracasos para entonces descansar en la confianza de que Dios tiene suficiente gracia para perdonar mis pecados. Cuando superemos los complejos y el sentimiento de culpa que nos acusa en silencio dentro de nuestro interior, estaremos entonces listos para perdonar hacia afuera a todos los que hayan causado daño directo contra nosotros.

El perdón es real cuando usted olvida el sentimiento amargo y negativo que causa el recuerdo del daño causado por otra persona en su contra. Hablo de olvidar el sentimiento, porque en realidad el pasado no se olvida, solo se aprende a vivir sin que el pasado duela. Eso es perdón. Convivir con mi pasado como si este hubiese sido una amarga tarea asignada por la universidad de la vida, pero hoy usted se gradúa con honores y avanza a cumplir el propósito de Dios para su vida.

Perdonar es acto de voluntad

Si usted piensa que las decisiones tomadas por la motivación de las emociones se mantendrán firmes por mucho tiempo, usted está equivocado, las emociones no deben ser el motor que impulse sus decisiones. He visto a muchas personas "motivadas", de rodillas en el altar llorando profundamente porque fueron movidos por un momento hermoso durante la noche de adoración, minutos después los he visto pidiendo perdón y ofreciendo perdón también, sin embargo días más tarde esa misma persona ha vuelto a su odio y rencor, olvidando aquella hermosa noche de lágrimas, música de adoración angelical y todo aquel sentimiento espiritual que le motivó a dar pasos de reconciliación.

Usted no debe esperar a que otra persona o que otra circunstancia le mueva a tomar acciones que son sustento del éxito en la integridad de su persona para el resto de su existencia. Usted debe decidir, no necesariamente porque usted desee o usted anhele, ya que el deseo está en las emociones y no en la voluntad.

La voluntad es responsabilidad, la voluntad es el verdadero usted, refleja su carácter y no sus deseos, la voluntad sabe lo que verdaderamente conviene usted.

Perdonemos a las personas que hayan actuado de manera nociva y que hayan perjudicado nuestra vida en el pasado.

"Así también mi Padre celestial hará con vosotros si no perdonáis de todo corazón cada uno a su hermano sus ofensas". Mateo 18.35.

El mismo Jesucristo instruyó en la importancia que existe en las ofensas para ayudar a nuestro crecimiento emocional y espiritual.

El Nuevo Testamento la palabra ofensa o tropiezo es una palabra muy especial y proviene del griego "skándalon" que significa trampa o Carnada. Esta palabra fue utilizada en la antigüedad para describir lo que era un vástago curvado, una vara flexible con una carnada que se usaba para cazar animales.

Como podemos ver y entender, cada vez que alguien le ofende o le hiere, le está tendiendo una trampa o una carnada para que se amargue y pierda su bendición. Nosotros los creyentes debemos aprender a ignorar las ofensas por medio del amor. El amor cubre multitud de pecados. Con amor cubrimos entonces el pecado de alguien que voluntariamente nos haga daño.

Traigo a memoria que no siempre el daño o la herida es causada por un tercero hacia usted, en muchas ocasiones es usted mismo el que se hiere por lo que alguien dice de usted, su estima y alto grado de seguridad de quien usted es en Dios y para que usted fue llamado a formar el propósito divino en la tierra, es la es la protección con la que usted cuenta para no herirse por todo.

Muchas personas están propensas a herirse hasta por una supuesta "mala mirada" o un desacertado comentario que alguien expresa, en el cual resalta alguna debilidad suya, usted en ese caso debe hacer un alto y perdonarse a sí mismo su falta de seguridad y creer que usted ha sido llamado por Dios para dejar un legado de paz y de restauración por su breve paso por la tierra.

¿Cuál es la raíz de la ofensa? La inseguridad y la inmadurez. Esto causa que los individuos se ofendan fácilmente y todo lo tomen de forma totalmente personal. El perdón es un acto de nuestra voluntad. Decidimos perdonar porque es un mandato de Dios que, como toda instrucción dada por Dios nos ayuda a vivir una vida plena de paz y gozo. Si no perdonamos, no seremos perdonados.

A continuación veremos una lluvia de información recopilada por muchos hombres y mujeres de Dios que toman carta en este asunto que nos interesa a todos los que buscamos llevar a conocer lo hermoso y lo especial que Cristo nos ha otorgado con su sacrificio en la cruz.

El matrimonio es una fiesta de adoración al Soberano Dios, por lo tanto exige que nosotros cuidemos y protejamos con amor la belleza de la pureza con la que Dios pensó el matrimonio.

El matrimonio es un vehículo de gran valor para las familias de la tierra y entender que también ayuda en la restauración de la sociedad, cuando el matrimonio se conduce en representación del amor de Jesús.

Como embajadores del evangelio de Jesucristo tenemos la responsabilidad de ser transparentes y estar informados con conocimiento de la verdad que es la doctrina de Cristo, recopilando información para el bienestar de nuestras iglesias y comunidades, para mostrar un Jesús en nuestro testimonio.

¿Conoce a la persona con la que va iniciar su matrimonio?

El problema que muchas parejas enfrentan, antes de tomar una decisión tan radical y estrictamente seria como la de optar por estar al lado de una persona toda su vida, es la de no dar un espacio al aprendizaje que conlleva la unidad de dos seres humanos del sexo opuesto, no invierte un periodo de meses para formar parte de algún curso amplio y serio de consejería prematrimonial.

Le preparación y enriquecimiento del matrimonio es una aportación de información sólida de como la pareja puede hacer de su matrimonio todo lo que se espera que sea. Al descubrir el papel fundamental y de garantía que tiene Cristo en el matrimonio, encontraremos los principios y la fortaleza para la creación de una unión que permanezca para toda la vida.

No conocer el propósito de Dios en el pacto del matrimonio es el primer error que cometemos las parejas. Es natural que los sentimientos y los deseos de la carne tome fuerza con el contacto de amistad que se incrementa con quien podría llegar a ser su conyugue. Por eso es bien importante buscar el conocimiento tanto bíblico de cómo debemos comportarnos antes del matrimonio así como adquirir disciplina corporal, de la misma manera como usted adquiere disciplina y costumbre para dedicar un tiempo diario a la oración y la privacidad del diálogo con Dios, de igual modo usted y yo debemos auto disciplinar nuestras pasiones, o como le llaman algunos pastores, sujetar las pasiones, soy del pensar que la búsqueda de Dios por medio de la oración es el inicio del proceso para sujetar o auto disciplinar nuestro cuerpo para que no sea el cuerpo la autoridad que guie nuestras decisiones.

De igual modo usted y yo podemos ser personas muy disciplinadas en los asuntos espirituales tales como la lectura de la Biblia, podemos ser fieles asistiendo a los servicios de adoración, disciplinados en la oración y el ayuno, pero por otro lado no ser disciplinados en los asuntos naturales que tienen que ver con los deseos de la carne, he visto a personas que oran mucho, que son fieles con sus oraciones y tiempo de adoración, sin embargo no tienen disciplina con lo que comen, una hamburguesa cargada de grasa y un coca cola a las once de la noche tienen más poder que la voluntad de este cristiano, los he visto ayunar durante tres días en oración y dedicación y al terminar el ayuno los he visto comer desenfrenadamente sin cuidar el templo del Espíritu Santo.

También existen otros cientos de deseos del cuerpo, como el trabajo, el alcohol y el sexo. En las últimas dos décadas hemos visto la lamentable noticia de como pastores reconocidos mundialmente por su entrega disciplinada a los espiritual, han sido encontrados llevando una doble vida de adulterio. No voy a mencionar sus nombres porque creo no vale la pena, algunos ya están restaurados, pero en todo caso está comprobado, que el ser humano debe auto educar su cuerpo también para que aprenda a responder adecuadamente ante los deseos del sexo, la gula y la vagancia.

Conocer el propósito de Dios con el matrimonio es la esencia o la base que sostiene el éxito del matrimonio y también someter o auto disciplinar nuestra carne, el egoísmo y confiar en al poder de Cristo nuestras debilidades para que se conviertan en fortalezas.

El Hombre y su Sexualidad

Un revelador estudio que refuta los mitos contemporáneos en cuanto a la sexualidad masculina y ofrece un punto de vista sano en cuanto a lo que implica ser VARÓN, SEXUAL y NORMAL. El hombre debe conocer su vulnerabilidad ante su estructura y comportamiento sexual. Si bien es absolutamente cierto y recomendable que los ministros, líderes y laicos de la iglesia estén precavidos de las maquinaciones del Diablo, que busca de continuo destruir el ministerio de la expansión de la Palabra Restauradora de Dios y de la salvación, también es muy cierto que en mucho caso, Satanás recibe la mayor ayuda del líder evangélico que se deja llevar por sus propios deseos y quebranta el pacto sagrado de Dios.

El apóstol Pablo dice que por la incontinencia o vicio al que están estos cristianos acostumbrados, buscan deliberadamente satisfacer el deseo de la carne. En otras palabras, lo que deseo expresar respetable lector, es que muchas veces somos nosotros los que damos el espacio al pecado, es hasta ridículo e irresponsable escuchar a muchos líderes diciendo que el Diablo los hizo pecar.

Es como la persona que dice ser cristiana y está viciada o tiene la concupiscencia de robar, lo que debe hacer es auto disciplinarse y tomar la decisión con su voluntad de nunca más tomar lo que no es suyo, Satanás es un ser espiritual y por lo tanto no tiene la facultad de robar un artículo que es materia, es la persona quien tiene el poder de que ese pecado no se lleve a cabo. En Japón existe una cultura de la honestidad generalizada en la sociedad que expresa que "lo que no es suyo tiene que ser de alguien".

De la misma manera debería ser el comportamiento sexual en los cristianos, una investigación sobre la sexualidad de los hombres recopila información tanto en la esfera social no religiosa así como en lo religioso para hacer conocer el problema y los trastornos dentro del vínculo del matrimonio sobre la sexualidad masculina.

Además de la investigación dentro de relaciones de parejas también alude al hombre en su naturaleza pecaminosa por trastornos en su crecimiento dentro de hogares di funcionales y hogares extremadamente religiosos. La recopilación detalla gráficamente en el descubrimiento de los problemas sexuales, tanto la masturbación como la pornografía desvían la sexualidad saludable.

El papel del sexo en el matrimonio es una lista que la investigación da a conocer donde es considerado es el papel esencial en el matrimonio, lo que dice es:

(1) El sexo fortalece el vínculo entre el hombre y la mujer. Una relación sexual satisfactoria ayuda a mantener a una pareja unida.

(2) El sexo fomenta la intimidad (un tipo de amistad especial) en la relación.

(3) El sexo ayuda a proveer una privacidad especial que excluye a todos los demás de la relación.

(4) El sexo supera muchos conflictos y ayuda a la pareja a reconciliarse cuando hay alguna desavenencia.

(5) El sexo sirve para reducir el estrés y la ansiedad proveyendo un tiempo especial de compañía y alivio de la tensión.

(6) El sexo puede convertirse en una forma maravillosa de expresar el amor entre una pareja.

(7) El placer sexual provee una experiencia común, auncuando no se exprese mucho más en la relación.

(8) El sexo provee un sentimiento especial de seguridad emocional que ayuda a crear una sensación de bienestar y felicidad.

Estos son beneficios que ayudan a fortalecer un matrimonio.

¿Es positivo todo lo que se refiere al sexo?

Lamentablemente no todo en el sexo es positivo cuando se desvirtúa por el ego y el pleito. Algunas veces el sexo se mal utiliza como castigo. La frustración sexual puede causar mucha hostilidad en un cónyuge insatisfecho. Y cuando el sexo se usa para expresar hostilidad o para manipular a la pareja, deja de ser beneficioso para convertirse en un comportamiento destructivo.

En una encuesta realizada por el Dr. Hart, sobre si las necesidades sexuales estaban siendo satisfechas, esto fue lo que informó:

El 69% expresó que sus necesidades estaban siendo satisfechas siempre o en forma frecuente. El treinta y uno por ciento, sin embargo, dijo que sus necesidades sexuales eran satisfechas solo a veces, poco o nunca. Esto significa que casi uno de cada tres hombres casados se quejan de poca satisfacción en lo que lo a sus necesidades sexuales se refiere; uno de cada doce tiene quejas serias.

¿Qué es lo que principalmente evita que sus necesidades sexuales sean satisfechas? Las alternativas eran:

Mi pareja no está dispuesta, no está disponible, yo no estoy dispuesto, no estoy interesado y otras. Por lo tanto, dos tercio de los hombres casados se quejaron de poco sexo porque su pareja no estaba dispuesta; mi trabajo clínico respalda este consenso.

La necesidad sexual del hombre tiene un ciclo dos o tres veces más rápido que el de la mujer. En la sección donde se habla sobre el efecto de la religión en la crianza de los niños nos explica:

El estereotipo promulgado por los grupos antirreligiosos es que los padres muy religiosos dañan la sexualidad de sus hijos. Les enseñan que el sexo es vergonzoso y que sus fuertes impulsos sexuales les hacen las criaturas más viles de la creación.

En contraste con la defensa de lo que expone nuestro Dios en la Palabra, podemos exponer:

Todo fue hecho bueno por Él...y por lo tanto

debemos tener una actitud constante para adorar al Creador de todas las cosas.

La intimidad entre el lecho del matrimonio es honra. Los hogares dañados por falta del verdadero conocimiento alimentan las mentes de aquellos que están cejados por la maldad y la lujuria. Dios nos enseña en su Palabra que las parejas que se aman y están comprometidas bajo el lazo legal del matrimonio, son merecedoras de tener intimidad libremente. Se debe reconocer que la sexualidad fue creada por Dios y éste dotó al hombre de esa necesidad, de ahí el que le creó al hombre ayuda idónea y la trajo a él.

El sexo reprimido puede producir perversión sexual

"El sexo, el hombre cristiano y el clero" se expone: Teológicamente, los protestantes han resuelto sus sentimientos esquizofrénicos sobre el sexo. Este es un instinto natural que debe ser aceptado y disfrutado, pero también puede ser reprimido y puede producir perversión y daño. Entonces viajamos en una calle de dos sentidos, uno lleva el tráfico de la reproducción y el otro el apaciguo de la lascivia. Para la mayoría de los hombres cristianos, el control del sexo es un desafío continuo que les roba más energía de la que se merece. El no atender la vida marital sexual activa, puede producir o despertar instintos fuera del margen de lo que Dios ha provisto para los hombres. Depender de la Palabra de Dios es lo único que puede controlar la vida sexual del hombre, que por su naturaleza necesita tener vida sexual activa.

Santidad y Pasión

Debemos enfatizar la necesidad de entregar a Cristo todas las cuestiones del corazón y esperar en Él. La enseñanza es a menudo dolorosa pero renumera la disciplina relatando con testimonio y calidez una historia de amor. Estos reveladores detalles, combinados con una enseñanza bíblica relevante, pudiera ayudarnos a recordar que sólo pasando nuestras pasiones humanas por su fuego puede Dios purificar nuestro amor.

Mientras que la pureza antes del matrimonio consiste en preocuparme por mi nada más bajo la obediencia a Dios, la pureza en el matrimonio consiste en darnos a nosotros mismo el uno al otro en obediencia a Dios.

La pasión sexual dentro del lecho del matrimonio, en ocasiones es más intensa en unos de los cónyuges, sin embargo la otra persona debe estar atenta a entregarse a su cónyuge por amor y obediencia a Dios, entendiendo que la privacidad de su relación es una intimidad que los debe unir a Dios, ya que el sexo fue creado por Dios para el completo disfrute del matrimonio, para interactuar en amor, en un deleite que además de ser físico, también es emocional, ya que es un tiempo para conocerse, dado que no importando cuantos años transcurran, usted siempre tendrá algo nuevo que conocer de su cónyuge, recuerde que somos creación del infinito creador, por lo tanto no debería sorprenderle que las hermosas características de su cónyuge también sean infinitas..

Tenemos que educarnos en cuanto a la abstinencia sexual cuando estamos apasionados por Dios. Cuando un hombre que no está casado se siente apasionado, su amor por Dios (y por el objeto de su pasión) lo restringe. Cuando un hombre casado se siente apasionado y encuentra que su esposa no lo está, su amor callado restringe esa pasión por causa de ella y por la de Dios. Es sumamente posible que las pasiones de una mujer puedan despertarse cuando las del su esposo no lo estén. Ella entonces aguarda, con amor callado. El asunto de los derechos conyugales para el cristiano siempre se refiere a los derechos del otro, jamás a los derechos propios.

"El marido cumpla con la mujer el deber conyugal, y asimismo la mujer con el marido. La mujer no tiene potestad sobre su propio cuerpo, sino el marido; ni tampoco el marido tiene potestad sobre su propio cuerpo, sino la mujer". Que maravillosa expresión de la verdad de Dios en la Escritura para que podemos observar que el Señor todo lo hace perfecto. Esta revelación de la grandeza y entrega del amor es de vital para la demostración del verdadero amor. Cuando entendemos que al entrar al matrimonio ya no nos pertenecemos a nosotros mismo, sino que nuestro cuerpo pertenece a la otra persona a la cual le juramos amor y entrega completa, las dificultades dentro de los matrimonios se acabarán para siempre y ya no habrá problemas que dañen la intimidad marital de los mismos.

Que espantosa confusión resulta cuando estas demandas se leen "El esposo debe demandar de su esposa lo que a él le corresponde. La esposa debe demandar de su marido lo que a ella le corresponde. La esposa debe reclamar el cuerpo de su esposo. El esposo debe reclamar el cuerpo de su esposa". Nada puede distar más del espíritu de la verdadera caridad, que siempre es dadivosa. La caridad dice "Te concedo tus derechos. No insisto en los míos. Me doy a ti; no insisto en que te me entregues".

Esta abnegación es esencial si los cónyuges han de cumplir los mandamientos de amar y someterse. No funcionará de ninguna otra manera. Esta tarea del esposo ejercita la autoridad de la cabeza, como lo demostró Cristo cuando puso su vida por nosotros que somos su cuerpo. Esta es la caridad abnegada. No es tarea del esposo demandar obediencia. Cristo es Cabeza de la iglesia. El ama, corteja, llama, se sacrifica a sí mismo. No impone su voluntad. Se le permite su elección a los que no harán su voluntad, una terrible decisión que por supuesto implica consecuencias inevitables.

No es tarea de la esposa demandar que su esposo la ame como Cristo amó a la iglesia. Su labor es someterse de tal manera (es decir, feliz, voluntaria y completamente) para facilitarle a él que la ame de esta manera. Todo el capítulo de 1 Pedro 3 está lleno de esta información para los matrimonios. Así, según, expone la escritora solo se trata de aprender y dejar que Dios obre en nuestras vidas. El tomar el lugar que le corresponde a la mujer dado por Dios facilita la relación entre las parejas. Cuando en el apóstol Pablo expresa en 1 de Pedro el rol de la mujer, es porque era necesario que se conociera la intención del corazón de Dios para los matrimonios.

La caridad es el amor de Dios. No hay otra manera de controlar la pasión. No hay otra ruta hacia la pureza. No hay otra ruta, finalmente el gozo. Eso es caridad. En obediencia, simple, diaria, tangible, visible, práctica, deseosa. Un amor más callado, pero duradero, en verdad, eterno. Significa bondad y respeto. Simple, cortés y el respeto humilde por la otra persona, que está hecha a la imagen de Dios. El modelar a Jesús en las relaciones de parejas es el mejor nutriente tomado para que el matrimonio sea duradero por toda una eternidad. Los detalles de cortesía que se implementan en el diario vivir de las parejas hacen más sólidas las relaciones. Es sumamente importante saber que cada uno de los implicados en el matrimonio, tienen la responsabilidad de dejarse guiar por el amor de Jesús y la fidelidad que primeramente le debemos a Él. Jesús es el centro de nuestras vidas.

"Permanezcan en mi amor", les dijo Jesús a sus discípulos en uno de sus últimos discursos. Lo dijo muy claramente:

"Como el Padre me ha amado, así también yo os he amado; permaneced en mi amor. Si guardéis mis mandamientos, permaneceréis en mi amor; así como yo he guardado los mandamientos de mi Padre, y permanezco en su amor". La obediencia nos lleva a entrar a una profunda relación de intimidad con Jesús y con el propósito de bendición de Dios para nuestro matrimonio y familia. La vida desde el punto de la Palabra toma rigor en los pensamientos y acciones del ser humano. Que tristeza es la de vivir en un hogar sin Dios. Un hogar donde los valores y la moral no son parte del diario vivir, donde los que componen el núcleo familiar aprenden a ver el dolor y el sufrimiento día a día sin poder hacer nada. Nadie viene a su encuentro para declarar una palabra que puede transformar sus vidas en esperanza. 10 Biblia Reina Valera, revisión 1960; Juan 15:9

CAPÍTULO 2
VIOLENCIA DOMÉSTICA

Las paredes estaban salpicadas y el piso estaba cubierto por un pegajoso y resbaladizo baño de sangre, el olor del ángel de la muerte hacía aún más real su presencia con toda esa desgracia que empañaba el vecindario, ese día la muerte se había liberado de sus cadenas y se logró escapar de su prisión infernal para jactarse una vez más de su nauseabunda y despiadada forma de actuar. El oficial de la policía forense iba tomando notas en su bitácora mientras analizaba el escenario de aquel crimen cometido no por un extraño a la víctima, sino por su propio esposo. Lejos estaba el oficial durante sus primeras horas de investigación, de la comisión que desarrollaría en muchas partes del mundo aquel crimen debido a la influencia del nombre de su padre a nivel casi mundial.

Las heridas que recibió aquella joven esposa eran contadas por distintas partes de todo su cuerpo. ¿Cómo puede alguien que ha prometido amor eterno, sujetar con la misma mano con la que acarició el cabello de su enamorada, ahora sujetar un puñal para introducirlo una y otra y más veces en el cuerpo indefenso de su joven atractiva esposa?

La comunidad que habitaba aquella ciudad del Estado de la Florida en Estados Unidos, se estremeció hasta sus cimientos más profundos causando la indignación y creando miles de preguntas que hasta el día de hoy, décadas después siguen sin ser contestadas. El mar de dudas apenas empezaba a desbordar sus aguas inquisidoras en aquella fatídica noche, conforme los meses y los años han ido pasando, se ha sumado un despliegue interminable de seres humanos alrededor del mundo con la misma pregunta, ¿Cómo puede acabar de manera tan trágica la vida de una joven cristiana, educada bajo el consejo de un padre que además de ser un firme y decidido pastor, su fama se había extendido internacionalmente como uno de los evangelistas más respetados y seguido de toda el habla hispana?, ¿Quién falló? y ¿cuánta culpa se le ha cargado a esa indefensa mujer por la aparente responsabilidad de sus acciones de desobediencia espiritual y desacato a su padre el predicador así como la desobediencia hacia la teología de la iglesia que ella debía seguir?.

Esta historia tan trágica de la vida real debería analizarse con el grado más alto de responsabilidad social, espiritual y moral que sea posible. Si bien ese no es un caso aislado de violencia doméstica ocurrido dentro del seno de una familia profundamente identificada con los valores cristianos, si es un caso importante para desarrollar conciencia y un llamado de atención dentro el liderazgo cristiano.

La iglesia debe tomar el tema de la violencia domestica como una tarea para trabajar con seriedad y con responsabilidad. Las iglesias suelen preparar su agenda de trabajo con un año de anterioridad, incluyendo todo tipo de actividades pero no le están dando, desde mi perspectiva muy personal, la mayor atención que merece el trato referente la violencia doméstica dentro de algunos hogares cristianos.

Profesionales de la familia

Acudir a los expertos es el inicio de un cambio que favorece el crecimiento sano de la iglesia y desde luego que de la persona individual que está siendo víctima de cualquier tipo de abuso. El liderazgo de la iglesia debe aceptar y comprender que existen personas con mucha preparación, son profesionales que han dedicado mucho tiempo al estudio formal y el aprendizaje de los síntomas iniciales de un abuso en potencias así como de terapias y formas de cómo salir de ese ciclo de violencia doméstica.

Gracias a Dios que los tiempos han cambiado en algunas formas para bien, trayendo consigo ventajas que pueden ser de mucha ayuda a los ministerios y a los pastores que poseen un llamado a sanar las heridas causadas por la violencia. Los recientes avances que los profesionales y la ciencia han logrado, hace el camino más fácil y el ambiente más entendible, existe información acerca del comportamiento y las conductas tanto de una víctima de violencia doméstica así como las señales que ofrece el victimario en su forma de hablas, el trato con las personas y muchos otros aspectos que dejan al descubierto su malo y enfermizo desenvolviendo emocional.

Existen personas especializadas en el manejo del cuerpo y las emociones que están al servicio de la humanidad, son personas certificadas y aprobadas por las instancias de salud del gobierno, si usted es una persona que se altera fácilmente, vocifera y considera que a veces pierde el control de sus emociones, es fundamental que visite a uno de estos profesionales para que pueda con la ayuda de ellos evaluar su condición emocional, el comportamiento de cada persona tiene una raíz, una causa, con la ayuda de un psicólogo incluso de un psiquiatra, usted puede tener una mayor amplitud de conocimiento de cuáles podrían ser las causas posibles de su comportamiento violento y abusivo.

Tomar este tipo de acciones requiere de un alto grado de honestidad y deseo profundo por agradar a Dios en todo lugar, dentro de la congregación, la familia y en la sociedad.

La iglesia debe estar alerta, creando espacios de conversación y tiempos de aprendizaje acerca de la violencia doméstica y sus múltiples mutaciones emocionales. Mediante seminarios y capacitaciones ofrecidas por profesionales de la materia, los miembros de una congregación local pueden desarrollar una capacidad más sensible para identificar posibles situaciones de abusos que se estén llevando a cabo en el núcleo de alguna de las familias miembros de la congregación, así como identificar a familias en sus vecindarios o familiares cercanos que puedan estar bajo el destructivo desenlace de algún tipo de violencia.

La iglesia tiene responsabilidad social

El propósito de la iglesia es fortalecer la relación espiritual entre sus miembros, para estar en unidad fortalecidos y sirviendo a Dios en su diario vivir de manera unánime y productiva como hijos del creador y mayor productor del universo.

Una congregación que comprende este principio, verá reflejada su madurez y su eficacia como iglesia local en la interacción de sus miembros con la sociedad.

En mi caso personal soy una persona que procuro acercarme a la comunidad, para ofrecerles a ellos el mensaje de esperanza a través de suplir distintas necesidades naturales del campo de la salud, alimentación y techo. Con la ayuda incondicional de una congregación que me acompaña en esta ardua y bien recompensada tarea.

Salgamos sin temor y conversemos con la sociedad para encontrar cuáles son sus distintas luchas como individuos, como familia y como sociedad. Ellos no se aproximan a la congregación si nosotros como iglesia y representantes de la esperanza no estamos llenando con satisfacción, las exigencias de un mundo agitado y malversado. Analicemos el ejemplo de los cristianos del siglo primero, siguiendo el ejemplo de Jesús, continuaban saliendo de su lugar de conformidad para visitar aldeas, pueblos y centro de comercio, esto para llevar el ejemplo de Jesús. Existía además un deseo profundo por compartir el pan en armonía.

Mi consejo es que no dejemos pasar los días e incluso lo años concentrados en una liturgia o celebración cristiana encerrada en cuatro paredes.

¡Vamos a celebrar con la comunidad las sobre abundante misericordia que Dios tiene para toda la humanidad!

La iglesia estéril

Una característica de una congregación o iglesia estéril es la que no hace nada o hace muy poco por la sociedad que le rodea. La necesidades en el campo familiar no es únicamente un elemento presente en las familias de la iglesia, todos los seres humanos, cada familia en el vecindario donde usted habita o en lugar donde se encuentra el templo al que usted y yo asistimos, deben afrontar cada día difíciles episodios familiares. Debemos tener presente que como iglesia nuestro compromiso y nuestra obligación no es la simple y vaga asistencia a los servicios litúrgicos o a los cultos de adoración como comúnmente se conoce en el lenguaje evangélico.

El compromiso de Dios es hacia la humanidad y por lo tanto nosotros los que consideramos que somos hijos de Dios, también debemos acudir al llamado de las familias, todas las familias necesitan del amor, la comprensión y la contribución de la congregación.

Una Iglesia sana sabe reconocer que pueden existir conductas incorrectas en su seno aparente más "glorioso".

La tarea de la iglesia más difícil es aceptar el hecho de que no todo necesariamente avanza dentro de la iglesia de la manera más sana.

En mi búsqueda por obtener mayor información para ampliar mi perspectiva y ofrecer también una ayuda educativa lo más acertada posible en el campo de la violencia, me dispuse años atrás prestar una especial atención a los pastores con los cuales yo tenía un acercamiento directo, fue así como encontré la desagradable conducta de violencia doméstica hacia sus esposas en una parte considerable de este liderazgo, el cual se supone está al frente de la iglesia para guiarnos en una vida piadosa, educada y de sana conducta.

No siempre es así

Es muy triste y a la vez muy decepcionante observar a un pastor muy conocido por mí, el cual tomaba todas las decisiones dentro de la congregación ignorando a su esposa en el proceso, que decir entonces de como manejaba su hogar, pude observar que su esposa estaba siempre triste, en silencio, cualquiera que no la conociera pensaría que ella dedicaba aquellas largas horas de liturgia en meditación, se notaba muy bien la señal de maltrato doméstico, aunque claro está, creo que ni ella misma se daba ya cuenta, en su poco o nada entusiasmo para acercase a conversar con la congregación saltaba a la vista de todos, pero nadie prestaba atención, la violencia doméstica es un monstruo infernal que se ha vestido como un ángel de luz y pasa desapercibido ante la sociedad y sobre todo dentro de la iglesia.

No me extrañaría incluso que algunas de las características y comportamientos que defino en este libro como violentos, sean rechazadas por algún sector, sobre todo por aquellos lectores que han crecido dentro de la destructiva y cultura machista, en donde la gloria del hombre consiste en tomar acciones y decisiones sin considerar la opinión o los sentimientos, ni de sus hijos, su madre o de su esposa.

Estoy escribiendo acerca de derribar un paradigma o mentalidad que asume que si una persona es un miembro activo de esta o aquella iglesia, es una persona que no debería ser parte de la insípida realidad del círculo de violencia que afecta a todas a las clases sociales.

Nosotros como iglesias al tener en cuenta de esta realidad que pudiera estar sucediendo dentro del núcleo de la congregación, nos hace más sensible y nos impulsa para crear formas educativas que permitan además de informar y enviar una señal de que como iglesia estamos para proteger a las víctimas, también es un medio para que el victimario sea expuesto, una iglesia puede prevenir de manera significativa el desarrollo de la violencia doméstica con tan solo incluir en sus actividades semanales durante todo el año, clínicas, curso o seminarios enfocados en la prevención y la educación de cómo salir correctamente de un ciclo de violencia.

Valuarte de la educación

La iglesia debe tomar el baluarte de la educación, convertirse en el ejemplo de desarrollo y madurez a la hora de interactuar con los miembros de la iglesia local así como con los amigos que se acercan para conocer más de Jesús. Debemos expandir el espacio de acción dentro de la iglesia local, Dios ha dado talento y ha dado herramientas a los pastores y los líderes de la iglesia de Cristo, pero usted y yo no podemos quedarnos únicamente con el llamado, yo debo preparar el don, debo educarme para adquirir habilidad para utilizar correctamente el llamado que Dios me ha dado. Si usted es pastor usted debe asistir a un instituto o universidad para adquirir conocimiento, teniendo en cuenta que esa preparación es espiritual y teológica, así como aquellas personas dentro de la congregación que tienen un algún otro don de parte de Dios y se han graduado en áreas como la medicina, psicología, etc. Usted también forma parte de ese recurso humano experto en un área, el pastor en el área espiritual, el experto en finanzas en las finanzas, el doctor en medicina es experto de la salud física y el psicólogo es experto en el comportamiento emocional humano.

Es importante aprender a definir e identificar aspectos naturales del ser humano como por ejemplo el comportamiento humano y la psique de un individuo.

La psique

Aunque la Real Academia Española lo define únicamente como el "alma humana", hoy en día la ciencia de la psicología relaciona este término con los procesos que ocurren en la menta humana. Se entiende que una persona que tiene mayor facilidad de adaptación al entorno en el que se desenvuelve como persona humana tiene una psique saludable, en otras palabras, mente sana, aprendizaje sano.

Cuando la psique de alguien no es saludable, la adaptación a nuevos niveles de crecimiento emocional será incompleta, manifestando así una adaptación defectuosa. En la antigüedad, la psique era relacionada con lo espiritual, sin embargo hoy la psique se vincula directamente con el organismo cerebral.

El ser humano ha desarrollado fenómenos psicológicos empleados como instrumentos de protección o de defensa emocional tales como la negación, la sublimación, la represión por mencionar nada más tres.

El comportamiento humano

La palabra de Dios es la mejor herramienta para el consejo y la sanidad del alma, es fundamental que el liderazgo de la iglesia se capacite tanto en el campo espiritual mediante la oración, la meditación de la palabra de Dios, el ayuno así como en área sociales como lo es el comportamiento humano, hemos visto que la psique o la mente, impulsa distintas reacciones en la persona que son el resultado de su salud interna o salud mental, no todas las reacciones de un individuo son estrictamente el resultado de aspectos espirituales en la vida de esa persona, en distintas ocasiones nos vamos a encontrar que el abuso con el dinero por ejemplo, es por razón de un patrón desordenado aprendido, que no le permite organizar sus finanzas, causando así conflictos en el núcleo familiar que en algunas ocasiones son causales de divorcio entre matrimonios que una vez se prometieron amor eterno. También existen personas muy tímidas, que no pueden dirigirse ante una multitud de personas o incluso no encuentran el valor suficiente para expresarse con las personas más allegadas a su entorno, dando como resultado una mala comunicación y un proceder inadecuado en sus decisiones.

No hay que ser un doctor en psicología para poder distinguir comportamientos insanos dentro de la congregación, con esto no estoy justificando la falta de compromiso que poseen algunos líderes cristianos con respecto a prepararse mediante cursos académicos alternos.

Lo que estoy sugiriendo es que talvez usted si se encuentra en alguna ciudad o pueblo muy distante de las grandes ciudades, en las que por lo general existen muchas organizaciones que ayudan y ofrecen voluntarios que son profesionales graduados en ciencias como las finanzas y la psicología por mencionar algunos, entonces usted como líder o como pastor, puede poco a poco ir preparando su educación mediante el asesoramiento con otros profesionales que estarían dispuestos a orientarlo, de ese modo usted ayuda para que su iglesia siga su ruta de crecimiento normal.

Los líderes de la iglesia

Es necesario que la iglesia de Cristo comprenda, pero mejor aún que el liderazgo acepte la necesidad eminente de educarse, no debemos continuar con la benevolente pero desatinada forma de pensar que el pastor de la iglesia y que los líderes tienen o pueden resolver y atender todas las áreas dentro de la congregación local. Cada persona tiene un llamado y en el caso del pastor y los líderes de la congregación, la responsabilidad es mayor aún, ya que debemos ser ejemplo desde los distintos ángulos que expresa

Timoteo en su carta 3 La siguiente declaración es digna de confianza: «Si alguno aspira a ocupar el cargo de anciano en la iglesia, desea una posición honorable». 2 Por esta razón un anciano debe ser un hombre que lleve una vida intachable. Debe serle fiel a su esposa. Debe tener control propio, vivir sabiamente y tener una buena reputación. Con agrado debe recibir visitas y huéspedes en su casa y también debe tener la capacidad de enseñar. 3 No debe emborracharse[c] ni ser violento. Debe ser amable, no debe buscar pleitos ni amar el dinero. 4 Debe dirigir bien a su propia familia, y que sus hijos lo respeten y lo obedezcan.

1 Timoteo 3:1-4Nueva Traducción Viviente (NTV)

Estoy convencida de que los principios que Timoteo expone en su nota bíblica, son posible de alcanzar, cuando todos los miembros de la iglesia local trabajamos en armonía para ejecutar las acciones correspondientes a las capacidades y dones que Dios nos dio, ejerciendo así el llamado no más allá de donde Dios no ha dado el permiso.

Pero para que el liderazgo sea efectivo, debemos abrirnos al estudio, tanto de la Biblia como de materias paralelas que aportan confirmación al ministerio y a lo establecido por Dios, la acción más inmediata es entonces abrir los espacios de diálogo en materia social como un ejemplo a mencionar, existen otros factores importantes en donde debemos educarnos, como las finanzas, la salud, etc.

Recomiendo a los pastores organizar charlas durante el mes y a lo largo del año dentro de la congregación con expertos de en temas de familia. Hay pastores acreditados que además de sus credenciales como pastores, poseen certificados académicos que los respaldan como profesionales en el área de psicología y el comportamiento humano. Necesitamos aprender de estos expertos, ya que ellos no solo van a orientar a la congregación en este tema específico, sino que su aporte va a fortalecer la visión y las enseñanzas del pastor local.

La falta de educación o de información genera violencia doméstica

Existen pasajes en la Biblia que aparentemente expresan prohibiciones para la mujer de todos los tiempos, sin embargo, si esos términos expresados por el escritor, como es el ejemplo del apóstol Pablo en su carta a la congregación de Corinto se leen a la ligera sin la mayor preocupación por investigar, analizar y comprender el versículo aparado al momento de la época, del contexto histórico, entonces, es muy fácil caer en un abuso autogenerado, mal empleando la Biblia para sostener comportamientos, no solo machistas, sino también en algunos casos perversos y apegados a la manipulación que únicamente inflan aún más el ego humano.

Uno de esos textos mal empleados que generan violencia hacia la mujer es el siguiente.

34 Las mujeres deben guardar silencio durante las reuniones de la iglesia. No es apropiado que hablen. Deben ser sumisas, tal como dice la ley. 35 Si tienen preguntas, que le pregunten a su marido en casa, porque no es apropiado que las mujeres hablen en las reuniones de la iglesia. 1 corintios 14:34 NTV

En la cultura social y espiritual mediterránea, lugar en el que se desarrolla el anterior versículo bíblico, la sociedad se guiaba por parámetros de esclavitud y sumisión tanto emocional como física. El dominio del sexo masculino y patriarcal era la base que sustentaba los términos culturales de aquella época. Obviamente que no era honroso que una mujer o un esclavo se estuviesen fuera de aquellos parámetros sociales y Pablo no iba a ser la persona que cambiaría todo un paradigma institucional con un mensaje dominical.

La Biblia es muy clara en resaltar el respeto mutuo y levanta la dignidad de la mujer así como la del hombre, colocando a cada uno en lugares de autoridad y de honra ante los ojos de Dios.

7 De la misma manera, ustedes maridos, tienen que honrar a sus esposas. Cada uno viva con su esposa y trátela con entendimiento. Ella podrá ser más débil, pero participa por igual del regalo de la nueva vida que Dios les ha dado. Trátenla como es debido, para que nada estorbe las oraciones de ustedes. 1 Pedro 3:7Nueva Traducción Viviente (NTV)

CAPÍTULO 3
EL TRAJE DE LA NOVIA ESTÁ SALPICADO

Es al sexo masculino quien la Biblia le hace saber que sus oraciones serán interrumpidas si no honra y entiende a la mujer. La salvación que Cristo trajo al mundo es tanto para el hombre como para la mujer, no existe diferencia alguna.

Para los maridos...

Ame cada uno a su esposa tal como Cristo amó a la iglesia. Él entregó su vida por ella, a fin de hacerla santa y limpia al lavarla mediante la purificación de la palabra de Dios..., sin mancha ni arruga ni ningún otro defecto. Efesios 5:25-27 (NTV)

Las distintas formas de violencia que el liderazgo cristiano ha permitido que se desarrolle dentro de la iglesia, a veces por ignorancia y en otras ocasiones porque nosotros los líderes también formamos parte culturalmente de una cultura de violencia, que permite que asimilemos como normal y aceptable un comportamiento o conducta altamente reprochable y también peligroso como si fuese algo normal y natural.

Cuando nosotros la iglesia no procedemos de inmediato para detener toda clase de violencia, entonces ya hemos ensuciado el vestido blanco de la novia espiritual que es la iglesia, su vestido blanco está salpicado con manchas oscuras y sucias que no la hacen apta para lucir su esplendor y la hermosura con la cual Dios la vistió por medio de la redención de la muerte y resurrección de Cristo, que obsequió también la vida y la certeza de que un día vamos a estar en una gran fiesta, para celebrar el matrimonio perfecto, la unidad eterna entre Jesucristo y su novia espiritual, la iglesia, la cual está conformada por todos los creyentes honestos que viven alrededor del mundo.

La cultura del "macho"

Desde que el emperador Constantino constituyó la jerarquía papal y su consecuente liderazgo de hombres sacerdotes, visión asentada en las bases del sexo masculino, me atrevo a considerar que todos estos siglos de soberanía machista asociada con santidad y representación divina por esta cultura global, aportó una mayor fuerza a la cultura de gobierno del ser humano macho en los países que hasta hoy tiene influencia religiosa. Su indiscutible influencia sobre Latinoamérica está bien marcada en las emociones de las personas. Es bastante notorio muchas características bien definidas dentro de la iglesia evangélica que han sido trasladadas de la religión católica a la cultura evangélica, no son doctrinas sino más bien conductas, por ejemplo la soberanía impuesta sobre los hombres un líder humano, llámelo usted apóstol o pastor o líder, en vez de que Jesús sea el centro de nuestra atención, mantenemos algunas similitudes a la religión universal.

Y qué decir de la visión del ministro, donde la iglesia católica le dio un espacio a la mujer para ascender a lo sumo a monja consagrada, en nuestra amada iglesia cristina evangélica, aún existe la cultura de no dar espacio a la mujer para que sirva y lidere con autoridad no natural, sino con la autoridad que es de Cristo, la unción de pureza y libertad sagrada con la que Dios mira y prepara a toda su iglesia. La autoridad de Cristo NO TIENE SEXO, porque simplemente Dios no es un ser sexual, Dios es Espíritu y su identidad es eterna e infinita. A diferencia de usted y yo que, mientras habitemos la tierra en cuerpo terrenal y sexual, tenemos una identidad finita y que pronto con la venida de Cristo, seremos transformados para retomar la verdadera identidad con la que Dios mira a su iglesia. Una iglesia sin limitaciones.

Latinoamérica no fue descubierta por España pero si fue avasallada por los exploradores que visitaron el continente en 1502, los conquistadores destruyeron la libertad de pensamientos y despojaron a esta rica cultura de toda su riqueza y sobre todo de la riqueza más elemental, la voluntad para soñar y creer en nuestras capacidades. Latinoamérica creció admirando al sexo masculino dirigiendo los asuntos sagrados de la iglesia y que en apariencia representa personalidad de Dios en la tierra. Vamos a la Biblia y coloquemos a un lado la humillación y la depravación que muchas civilizaciones han sido fomentado porque han estado apartados de Dios y de su verdadero amor. Evangelio de resurrección predicado primeramente por mujeres. Nadie o muy pocos predicadores y líderes religiosos se han preocupado por contarnos, o mejor aún, instruirnos en como el evangelio de la resurrección fue anunciado primeramente por tres mujeres, no fue un hombre, todo lo contrario, de acuerdo con los evangelios, los hombres que iban a visitar la tumba quedaron rezagados en el camino y otros ni siquiera salieron de sus escondites donde ocultaban sus miedos y sus vidas.

...María Magdalena, Salomé y María, la madre de Santiago, fueron a comprar especias para el entierro, a fin de ungir el cuerpo de Jesús. El domingo por la mañana muy temprano, justo al amanecer, fueron a la tumba. En el camino, se preguntaban unas a otras: « ¿Quién nos correrá la piedra de la entrada de la tumba?»; pero cuando llegaron, se fijaron y vieron que la piedra, que era muy grande, ya estaba corrida,... Ahora vayan y cuéntenles a sus discípu-

los, incluido Pedro, que Jesús va delante de ustedes a Galilea... Marcos 16:1-9 Nueva Traducción Viviente (NTV)

No creo que esto sea una mera casualidad, tres mujeres se levantan de mañana, MUY TEMPRANO para ir a adorar a Jesús mediante la ofrenda de flores y fragancias que llevaban consigo. Luego ellas se hacen una pregunta que a mi modo de pensar, es la misma duda que tiene al sexo femenino atrapada en el miedo, la duda y la incertidumbre, ¿Quién correrá la piedra de la entrada de la tumba?, eran tres mujeres pero alguien o algo en su mente femenina, les hizo creer que eran capaces para levantarse temprano, ir de compras por la ofrenda para Jesús, caminar por el abrupto sendero que conducía hacia la tumba del Masías Hijo de Dios, fueron capaces de ignorar el peligro que corrían sus vidas en frente de los enemigos de Jesús que podían tomar represalias contra ellas, pero estas mujeres de pronto, cuando ya lo han logrado todo y han superado lo más difícil de la travesía, no se sentían en la capacidad de mover la piedra, porque la consideraban muy grande, en su corazón habían decidido encontrarse con el Maestro, ver a Jesús una vez más, pero sus mentes ya les había bloqueado para no lograr el propósito final.

No siempre la culpa de que el mundo avance bajo el áspero comportamiento del machismo es del sexo masculino, muchas veces o la mayoría de las veces es culpa de nosotras las mujeres que el macho infle su ego autoritario e ignorante, ya que nos arrinconamos en una esquina de la vida para preguntarnos quien va a mover la piedra de la escases, quien va a mover la piedra de la incertidumbre y quien va a mover la piedra de las necesidades que tendrá que afrontar si su marido machista y abusador la abandona.

Mujer que lee este párrafo presta atención debidamente, así como el Ángel movió la piedra grande y pesada que separaba el cuerpo de Jesús de la oscuridad de la tumba y la luz de la vida, de igual forma ese mismo Ángel ya apartó la piedra que te separa de la bendición que Dios ya ha provisto para usted mujer, no tenga temor de actuar, avanza y entregue esa ofrenda de amor a Jesús, ofrece la ofrenda a Cristo de vivir en paz libre de violencia doméstica, usted no es un objeto, usted es mujer con el propósito divino de gestar vida y de instruir a su generación de niños y niñas nacidos de tu vientre, para que sean la próxima generación de caballeros respetuosos y damas que se amen y consideren apreciadas por Dios.

La Biblia instruye al sexo masculino para que comprenda que la mujer vale tanto como para que su cónyuge ofrezca su vida por ella, su cónyuge debe entregarse a ella y tratarla como el vaso que gesta vidas que vendrán al mundo para dar adoración a Dios.

En estos párrafos le escribo a la mujer humilde, redacto esta instrucción para la mujer que sube temprano a encontrarse con el Jesús resucitado y que está dispuesta a volver a la sociedad para anunciar su resurrección, del mismo modo como estas tres mujeres experimentaron de primera mano la extraordinaria amistad que les unía con el Cristo resucitado, acudamos al llamado, seamos obedientes, levantemos nuestra cabeza y miremos por encima de la cultura del macho ignorante.

La Biblia habla de que el marido es el sacerdote del hogar y esa posición tiene requisitos y obligaciones muy serias y muy bien definidas.

¡Afortunadamente si me acuerdo de mi pasado!

Mi niñez y gran parte de mi crecimiento está asociada al recuerdo de gritos, golpes físicos y muchos tipos de violencia hacía mi madre. Mi mente aceptó cuando yo era niña, un pensamiento equivocado pero asimilado de forma muy natural que el miedo y la preocupación estresante eran características aceptables dentro del matrimonio.

Relacionaba la actitud de servidumbre esclavizada ante las órdenes de mi padre como una regla aceptable y natural del matrimonio, el miedo de ser castigada con dureza en un aparente acto de disciplina paternal por no hacer bien las órdenes que mi padre a gritos exigía, había menoscabado mi identidad, haciendo que yo me sintiera miserable, no aceptada, no apta.

Fui testigo presencial del maltrato físico, económico y emocional que diariamente se vivía en mi hogar, en contra de mi madre y en perjuicio de mis hermanos y hermanas. Como pastora y líder comunitaria, aparentemente debería escribir que esos recuerdos los he superado y que ya no me acuerdo de ellos, o incluso alguien podría exigir de mí que sea más romántica y escriba que Jesús tomó mi pasado y lo sumergió en el fondo del mar y ya no me acuerdo de nada.

¡Afortunadamente si me acuerdo de mi pasado!

Escribo afortunada porque es así como me siento como hija de Dios que encontré el amor de Dios que sana y cubre todo pecado y sana toda herida ocasionada en los años de mi infancia.

La persona que viene a Cristo con una actitud rendida, con un corazón humilde y que decide colocar en las promesas de Jesús todo el asedio que haya sufrido, puede estar segura que se mirará al espejo y verá el reflejo de una persona afortunada. Los cristianos estamos bendecidos por las promesas que Dios obsequia a nosotros sus hijos y que las anunció por medio de su hijo Jesús. ¡Hay poder en su Palabra!, usted tiene dos opciones, le cree o no le cree a Cristo.

Dios no va a borrar el pasado de la memoria cerebral porque entonces el cerebro que es creación de Dios, no estaría haciendo bien una de las funciones más importantes para las que Dios lo diseñó, como órgano vital en el ser humano, el cerebro es el órgano que guarda las memorias, las asimila y las mantiene en el subconsciente para utilizarlas en el consciente cuando el cerebro en forma automática y natural sabe que debe traer las memorias al presente consciente.

Incluso cada vez que una memoria negativa del pasado el cerebro la trae a al presente, lo hace como función de sobrevivencia. Estimula los sentidos para estar alertas, no con la intención de herir al consciente sino con la función de despertar una luz de que destella en su ser interior precaución.

Imagine usted si los episodios en donde la electricidad entró por nuestro dedo cuando éramos niños porque en nuestra curiosidad de infancia, tocábamos el tomacorriente donde mamá conectaba la plancha, se quedara en el olvido para nunca más regresar, viviríamos teniendo accidentes con la electricidad de por vida, de igual modo con la superficie metálica caliente de la plancha, si el cerebro olvida esos sentimientos, usted ya conoce la historia.

El cerebro no es culpable de que usted y yo suframos cuando trae las memorias al presente, nosotros debemos olvidar y entregar a Dios el dolor y al cerebro entregar el recuerdo.

Cuando el cerebro le recuerde cuanto sufrió por los gritos y el ruido preocupante que ocasionaba los golpes de puertas y el sonido de los vasos y de los platos que caían al suelo y eran esparcidos como una lluvia de punzantes y afiladas cuchillas, usted entonces conduzca ese pensamiento para no cometer el mismo error de aquellos que nos ocasionaron daño, si usted sabe cuánto se sufre por una acción, no comenta la misma acción para no ser tontos e ignorantes alumnos de la vida.

Cuando a mi mente llega el recuerdo de ver a mi madre con sangre en su rostro por el acto violento e irresponsable de mi padre, no tomo una actitud miserable, sino que observo a mi alrededor para encontrar a esa próxima mujer que en silencio pide un auxilio.

Así como también identifico con mucha facilidad al abusador, esto gracias a mi pasado, no con la intensión de acusarlo y perseguirlo porque no soy policía y tampoco soy fiscal o juez del estado, soy alguien que sabe que incluso el victimario es víctima de su propia ignorancia y del odio surgido de su pasado posiblemente también igual o peor de violento y no ha sabido superarlo.

Como usted puede leer, mi pasado ahora es un aliado de mi persona, así como de las víctimas que yo pueda ayudar y también de los abusadores que pudieran estar dispuestos a entrar en un proceso de sanidad y de alejamiento sano y físico de su cónyuge, hasta que la sanidad completa e integral de su mala, peligrosa y criminal forma de actuar, sea acreditado por profesionales como superado.

Mi pueblo fue destruido, porque le faltó conocimiento. Oseas 4:6

Es la expresión de Oseas que afirma como no una única persona sino toda una nación, puede desaparecer por falta de conocimiento, por tener cerebros vacíos de información y mentes desocupadas. Es de sentido común comprender que, el desconocer el peligro eleva el riesgo de experimentar las negativas consecuencias de dicho desconocimiento.

Si usted conduce su vehículo por una carretera que termina en un precipicio al pasar una curva, el riesgo de caer al abismo trágicamente es elevadísimo si no existen rótulos y señales al lado del camino que informen del peligro real que está metros adelante.

Hay un dicho que dice que *"en guerra avisada no muere soldado"*, los soldados del ejército antes de salir a la guerra tienen que asistir a campos de entrenamiento físico e intelectual, parte de ese proceso es para que los soldados conozcan las limitaciones reales a alas que tendrán que enfrentarse en esa próxima batalla. Durante la preparación verán fotografías, conocerán de las temperaturas del área y tendrán acceso a mapas para conocer la geografía del terreno en el cual tendrán que pelear.

Jesús como el protagonista principal en la Biblia, compartió información expresada en sus doctrinas y también por medio de su forma de conducirse. La sabiduría que usted y yo necesitamos para tener éxito en el desarrollo de natural de nuestra existencia está consolidada en las enseñanzas de las Sagradas Escrituras, desde Génesis y hasta el Apocalipsis el lector puede encontrar conocimiento que trae poder a nuestras vidas.

Agradezco de manera personal a los hombres y mujeres que han tomado la visión de orientar a la iglesia y a la sociedad bajo principios integrales, que unifican las familias y que levantan la estima de tantas personas que se sienten abandonadas.

Cuando usted decides cambiar lo que está mal fundamentado en su mente y decide hacer lo correcto ante los ojos de Dios, entonces usted debe entrar voluntariamente a un proceso de desarrollo integral como ser humano emocional, social y espiritual, mediante la consejería de personas debidamente certificadas y que están comprometidas con la edificación de su alma.

CAPÍTULO 4
MATRIMONIO

"Grábame como un sello sobre tu corazón; llévame como una marca sobre tu brazo. Fuerte es el amor, como la muerte, y tenaz la pasión, como el sepulcro. Como llama divina es el fuego ardiente del amor. Ni las muchas aguas pueden apagarlo, ni los ríos pueden extinguirlo. Si alguien ofreciera todas sus riquezas a cambio del amor, sólo conseguiría el desprecio".
Cantar de los Cantares 8: 6-7

El matrimonio es la entrega de dos personas en el uno con el otro, ambos protegidos por la gracia de Dios y asignados para mostrar al mundo la expresión más gloriosa de lo que es el verdadero pacto del Dios hacia el hombre. El matrimonio es el reflejo de la unidad de dos seres distintos a través del poder del amor.

El versículo de Cantares dice que el amor es tan fuerte como la muerte y tenaz la pasión como el sepulcro, una comparación aparentemente absurda y hasta insípida el sentimiento aparente con el que el poeta lo describe.

No encuentro otra forma más hermosa de interpretar el sentimiento del escritor, de esta porción poética de cantares sino es por la fuerza que ejerce un corazón enamorado. Este versículo me traslada a la recomendación del nuevo testamento, donde expresa que el marido debe amar a su esposa de tal forma que debe estar dispuesto para morir por ella, así como Cristo se entrega por su iglesia.

Lo que yo interpreto es que el amor es un poder cargado de pureza y es santo, tiene que serlo porque el amor nace del corazón de Dios, Él es amor. La pureza y la santidad con la que representa el amor, no tiene miedo y no se deja impresionar por la muerte y mucho menos se deja intimidar por las adversidades que durante la vida el matrimonio enfrenta.

El inspirado poeta en Cantares hace la comparación de la fuerza que hay en el amor y la pasión que proyecta con la muerte y el sepulcro, proyectando los beneficios que significa morir. Si usted tiene su vida y su matrimonio en las manos de Cristo, la muerte significa ganancia, mientras aún estamos vivos celebramos avanzar en la vida agradando a Dios, al morir celebramos la resurrección y el abrazo eterno y amoroso de Dios que está esperando a todo creyente al otro lado de la cortina de la muerte del cuerpo.

En mi experiencia como esposa mi matrimonio ha sido un ambiente de aprendizaje y de crecimiento en el cual mi amado esposo y yo hemos crecido integralmente, estamos desarrollando tareas y logrando metas juntos.

Nuestra relación crece día a día y nuestro compromiso florece como un jardín que emana aromas exquisitos de paz y bienestar. Que hermoso es todo lo que podemos expresar en definición de la palabra matrimonio. Lamentablemente algunos matrimonios que conozco y conocí dentro de mi familia se han perdido de esta plena felicidad que existe en la esencia del matrimonio.

Puedo señalar que hay muchos aprendizajes incorrectos que los hijos aprender y más tarde repiten las mismas acciones destructivas. Debemos comprender lo serio que es no actuar como Dios lo diseño en su Palabra.

La Biblia enseña que las bendiciones para el justo se mantienen alcanzando hasta la cuarta descendencia o generación. Si deseamos la bendición en vez de las maldiciones amargas y las secuelas que deja la violencia, entonces vamos a obedecer a Dios actuando con amor, con bondad y con misericordia hacia nosotros mismos y hacia nuestra pareja.

Usted tiene el libre albedrío para iniciar una nueva historia que no sea igual a la leyenda pasada de la cual usted ha deseado olvidar.

Si su matrimonio no tiene estas características de amor, usted debe hacer un alto, no espere que alguien lo haga por usted. NO SE AUTOENGAÑE. Si existe cualquier tipo de violencia en su matrimonio causada por la mujer o por el hombre, acuda a un centro de apoyo, si usted es miembro de una iglesia local hable con los consejeros de su mismo sexo de esa iglesia, o si no es asistente de alguna iglesia, busque una porque estoy segura de que cerca de usted hay una iglesia que predica las enseñanzas de amor y de restauración en Jesús.

Acérquese a consejero acreditado

Hoy la iglesia y la sociedad cuenta con Consejeros bíblicos acreditados para el mejoramiento de la familia y del comportamiento humano al servicio de Dios, acérquese a un consejero que cumpla con las características de ser una persona respetuosa de los principios sagrados estipulados en la Biblia y que también esté académicamente acreditado por una organización o un centro educativo, en materias que estén directamente relacionadas con el comportamiento y desarrollo del ser humano como individuo que conforma una sociedad.

Un consejero puede hacer mucho por usted, si está preparado con la preparación teológica necesaria y la acreditación de consejero. El consejero espiritual preparado puede hacer una evaluación de la persona mirando los criterios espirituales como también puede observar si su aconsejado necesita ayuda de un psicólogo o psiquíatra profesional, al cual referiría su fuera necesario. Por eso es que los consejeros bíblicos asistimos a Centros de formación para ayudar a las personas en su vida espiritual y dolor del alma. El consejero está en función de su propósito el cual es instruirse en la materia y la información que se ha reunido y consolidado por los siglos.

Los hermanos Wrights iniciaron los primeros avances que les convirtió en pioneros de la aviación, sin embargo, a pesar de ser ellos los padres de la aviación, sus experiencias personales no fueron capaces de hacer posible el sueño de volar, fue el conjunto del conocimiento de ellos y los cientos de experiencias vividas por los distintos científicos que se unieron a la causa de la aviación por décadas lo que hizo posible que hoy usted y yo podamos volar a otras naciones.

Si usted desea únicamente crecer espiritualmente, no tiene necesidad de consultar con un cristiano académico, usted puede consultar a un líder cristiano que le ayude a disciplinarse en la oración y la lectura de las Sagradas Escrituras. En la oración y la búsqueda sincera e íntima, usted encontrará reposo fuerza espiritual para auto controlarse para no comportarse como una víctima cobarde o como un cobarde abusador o abusadora.

"No repita la historia"

Lo que hoy usted determine cambiará la historia de sus hijos, nietos y bisnietos. Solo tienes que tomar la decisión de encontrarse con el Jesús de Nazaret resucitado y decir en voz alta desde lo más profundo de su interior, "hoy cambio quien soy para comportarme como Jesús el Maestro espera de que yo me comporte".

Actúe con responsabilidad de adulto

Recientemente en un país centroamericano, una niña de 11 años fue al río a traer agua a petición de su madre, la distancia entre la humilde casa y el río no excedía los 70 metros, pero esa corta distancia fue suficiente para que a su regreso la niña fuese interceptada por su primo, el primer golpe a su débil pecho para cortarle la respiración no le impidió a la niña exhalar la frase más dulce y la que para todo niño y niña es quizás la frase de libertad y protección más significativa en momentos de desespero.

— ¡Mamá, mamá!

Sin embargo, a pesar de que la distancia en la que ella y su abusador se encontraban era muy corta, no anuló el hecho de que corta o distante, seguía siendo distancia y mamá no estaba con ella, no le pudo escuchar, no se enteró. Mamá no pudo hacer nada, porque no vio nada.

El atacante la violó y asesinó, la cortó en partes, la colocó en 8 distintas bolsas y fue esparciendo sus partes a lo largo del mismo río donde su madre siempre le enviaba a traer agua para los quehaceres de la casa.

Cuando el matrimonio no asume al cien por ciento sus responsabilidades y las distribuyen con sus hijos, tarde o temprano ese desbalanceado proceder va a causar daño al matrimonio, adversidades nacen cada vez que actuamos de forma irresponsable.

Si usted vive en el campo y no tiene acceso al agua potable en su casa, no envíe a sus hijos al río a traer agua, usted es quien tiene que ir con ellos. Si usted vive en la ciudad no envíe a sus hijos de compras a la pastelería o repostería de la esquina. Mi consejo es, acompañe a su hijo o hija si lo que desea es instruir a sus hijos para que adquieran desarrollo emocional, pero si lo que usted está haciendo es mal utilizando a sus hijos para que realicen actividades que le corresponden a usted como adulto, entonces está colocando a sus hijos en peligro por una causa deshonesta.

Haga una lista de compras una vez a la semana, así evita tener que enviar a sus hijos a exponerse al peligro por un medio kilo de azúcar o una libra de café.

Es común y casi hasta natural que el hijo o la hija mayor sea la persona dentro del hogar a quien se le deleguen más y difíciles responsabilidades que a sus hermanos y hermanas, ya que los padres se encuentran en el proceso inicial de aprendizaje y durante esos primeros años del matrimonio actuamos muy desatinadamente.

Nuestros hijos e hijas son bendición de Dios para nuestra vida y para el planeta, debemos darles a ellos la oportunidad de vivir a plenitud cada etapa de su vida.

No obligue a un hijo de 8 años a realizar acciones o a comportarse como un adolecente de 14 años, porque simplemente usted está exigiendo un comportamiento que no es natural.

La ciencia y los eruditos instruidos en tema del desarrollo y el comportamiento humano, han definido varias etapas durante el crecimiento del cerebro humano, debemos investigar y auto educarnos.

No pretendamos de manera ilusoria como padres empíricos, ser más inteligentes e imaginar que poseemos mayor información que toda la información desarrollada y acumulada por los centros de

estudios, que ha sido el resultado de estudios en cientos de años acerca del ser humano.

Conocer y ayudar a las distintas etapas emocionales y físicas de sus hijos e hijas es una de esas grandísimas responsabilidades de todo matrimonio. También evitamos estar creando violencia en contra de nuestros hijos e hijas a la hora de delegar funciones que no le corresponde a ellos Eduquémonos para aprender el lenguaje con el que debemos dirigir cada diálogo que sostendremos con nuestros hijos, de acuerdo a la edad de ellos e informémonos acerca de las distintas reacciones del cuerpo y las distintas respuestas del cerebro del niño y la niña en momentos circunstanciales de su desarrollo como persona humana.

Reconocer las diferencias que tiene cada persona es una de las más simples acciones que deben tomar las personas en la etapa de noviazgo antes del matrimonio. Esta orientación es vital en el caminar para evitar futuras diferencias entre los planes establecidos. Cada individuo debe conocer el respeto y la aceptación del uno al otro y poder ser lo que ya Dios estableció para cada uno. También deben conocer lo cuales características son semejantes entre ambos, para la efectividad de los sueños en conjunto.

Estar preparados para esos momentos difíciles que vendrán con dificultades es una actitud inteligente que los dos deben adoptar. Entrevistarse uno al otro en cuanto al historial familiar ayudará a conocerse mejor y trabajar con sus diferencias.

El amor de Dios es la base para el matrimonio. Debemos auto educarnos con preguntas claves que son de gran ayuda como ¿Qué es amor? ¿Qué piensa el mundo que es amor?

¿Qué dice la Palabra de Dios acerca del amor? Tipos de amor que necesita la pareja y prever conflictos para encontrar la solución incluso antes de que los problemas se presenten. Estoy preparado(a) para morir a mí ego y a mi libertad individual y dejar que Cristo guíe mi vida. La Palabra de Dios debe estar en nuestras vidas constantemente. El saber que día a día tiene un diferente afán o sea conflicto debe dejar claro que sin Dios es imposible tener un matrimonio feliz.

Si Cristo es la cabeza de todo varón y Él murió por la iglesia. Es fácil señalar o decir yo te amo y estaré contigo hasta el último día de mi vida. ¿Usted había escuchado esto antes verdad? Cuando sentimos como si mariposas volaran en nuestro vientre y corazoncitos bailan alrededor de nuestra cabeza, es maravilloso.

La realidad es que eso es solo un proceso de entusiasmo hermoso, pero es meramente circunstancial y no dura para toda la vida, ya que las emociones no tienen la capacidad de enfrentar adversidades, solo la voluntad tiene el poder de resolver, avanzar y conquistar los momentos difíciles.

La verdadera relación de amor y fidelidad está centrada en Jesucristo. Cómo Él murió en la cruz del calvario por la iglesia así mismo tiene que morir todo varón por su esposa. Se tiene que entregar por completo, solo debe saber que con su entrega va a tener un cónyuge en armonía con usted y acompañándole en toda su vida en la asignación que Dios estableció.

La fidelidad dentro de la relación es una bien trazada desde el punto que no solamente es la sexualidad sino no que está basada en todas las áreas de la relación. La fidelidad dentro del vínculo del matrimonio va más allá de una fidelidad sexual es basada en todas las áreas de la vida en conjunto

En el matrimonio se espera que se puedan llenar todas las necesidades existentes del ser humano. Tenemos que conocer cuáles son las necesidades de nuestra pareja. Tenemos que alimentar cada una de ellas, porque donde existe insatisfacción entra dolor y daño. Cuando una mujer se siente abandonada en la parte del suplirle no puede ejercer su papel en su totalidad. El conocer estas necesidades, físicas, emocional, espiritual, social e intelectual, es de vitalísima importancia en la relación de la pareja, porque aumenta la consistencia de la relación.

Conocer las funciones, responsabilidades y tomar decisiones es otro tema lleno de información que las parejas deben conocer. Conocer las responsabilidades de cada uno en con respecto al hogar y saber realizar los quehaceres del hogar, son conversaciones que se deben esgrimir con argumentos sólidos y prácticos en las consejerías prematrimoniales.

La toma de decisiones de los asuntos llevados por la verdad conversada en el contexto de la Palabra de Dios, es necesario para lograr una vida en plena armonía.

La falta de responsabilidad de parte de uno de los cónyuges ocasiona un desbalance en el matrimonio que puede dar como resultado hasta la separación y destrucción del matrimonio. Si un cónyuge no asume su participación correspondiente, esa relación se estaría fundando igual como se construye una casa con sus cimientos en la arena, que la tormenta con sus vientos la desaparece y el agua la consume, porque del mismo modo como las construcciones se deben de hacer en roca o cimiento sólido, la relación del matrimonio debe fundarse en la roca sólida y perdurable que es Jesucristo.

El matrimonio no debe trasladar a sus hijos e hijas las responsabilidades que corresponden al matrimonio, ya que esa acción de igual forma crea un desbalance emocional en los hijos e hijas, además crea en ellos una equivocados conceptos de cómo debe conducirse una familia. Usted y yo no deseamos dañar a nuestros hijos. Por lo tanto prestemos atención y tomemos con seriedad nuestras responsabilidades y actuemos.

Noviazgo

Separe tiempo para conversar y compartir en el noviazgo sobre todos estos temas que tienen que ver con la niñez y la crianza sana de ellos. No espere a estar legalmente constituido en matrimonio para empezar a conversar sombre como deben criar a sus hijos. Es antes de ser marido y mujer, es ahora, ¡es ya!

Le aconsejo a todo noviazgo que visite con frecuencia la otra familia y conozca la cultura familiar de ellos. ¿Cómo es el trato hacia sus padres de los hermanos y hermas de la persona con la que usted va contraer nupcias? Debe tener una actitud de observación. Si usted observa que su prometida o prometido no respeta a su madre o a su padre a quien conoce desde hace años y quienes son las personas que les han dado la vida y el amor, entonces usted debe estar consciente de que esa persona no le va a respetar a usted tampoco, recuerde que usted apenas acaba de llegar a la vida de esa persona. Si sus padres no significan los suficiente para respetarlos, usted tampoco significará mucho y cuando se preste el momento, a usted también le faltara el respeto.

También debe observar cómo trata los que van hacer sus suegros, tenga presente que lo que usted observe en el hogar de esa persona, es lo que usted va a traer a su matrimonio a través de ese cónyuge.

Analice el respeto y la devoción que la otra familia tiene hacia Jesucristo y hacia la iglesia. Que pueden ellos aportar para el bienestar de su relación cuando tengan que aportar al fortalecimiento del mismo.

<<<<<no me voy a casar con su familia, me voy a casar con él o ella, pero más equivocado no se puede estar, ya que la familia no la puede separar, ellos siempre estará para influir para bien o para mal en su matrimonio>>>.

En otras cosas que debemos sumar al conocernos es la comunicación. Esta es señalada como parte esencial de la vida de parejas y en la convivencia del vínculo del matrimonio. Desde que entramos en una relación de amistada se da la forma de comunicación abiertamente. Si somos amigos dejamos ver nuestros sentimientos, lo que nos gusta y hasta lo que queremos.

Las diferentes formas de comunicación son desmenuzadas para que se conozcan los aspectos importantes como la que aún no se expresan verbalmente. El escuchar y el tono de voz ayuda al entendimiento pleno en la relación. Las emociones y la personalidad de las personas son parte de la comunicación y usted debe saber que va a lidiar con eso toda tu vida si llegan a un matrimonio. Tenemos que reconocer las diferentes formas de comunicación para tener claro que persona es con la que estamos relacionándonos.

Los conflictos van a llegar al núcleo del matrimonio. Como debo aprender a retroceder y ceder en el tiempo preciso para que se resuelvan los conflictos. Las palabras que se deben conocer ante conflictos dentro de la relación ayudan a establecer soluciones. Tener una actitud de ganador dentro del matrimonio es incorrecto, porque las guerras y las rencillas prosperan por el ego individualista. En todo momento tenemos que mantener la cordura, recordando lo que dice el apóstol Pablo, "Ya no vivo yo, sino Cristo en mí". Todas las parejas van a tener altas y bajas en su relación emocional, debemos ser conocedores para no ser movidos por sentimientos circunstanciales.

Conozca el temperamento de la persona con la que va a casarse, si es violento o violenta, el temperamento de esa persona es lo que usted se lleva al matrimonio. Nunca de un paso sin prepararse en conocer las emociones y temperamento de la otra persona con la cual quiere pasar el resto de tu vida. Basado a mi experiencia personal puedo expresarle que su vida estaría en peligro de hacer una decisión sin saber conocer cómo responde la otra persona ante situaciones difíciles. Nunca llegamos a conocer las personas del todo hasta que se desata un conflicto. Esa reacción en medio del conflicto te puede determinar si esa persona es madura y controlada o si es una persona mal creada, irrespetuosa e insolente.

Otro aspecto en el cual usted debe prestar atención es el tema de las finanzas.

Aquí tienes que hacer un alto, y comenzar a analizar estas preguntas claves ¿Cómo es su actitud hacia al dinero y estilo de vida del pasado, puede que se ajuste para cuando nos casemos? Todas estas preguntas contestadas y bien analizadas te darán tranquilidad en cuanto a las finanzas se trata. Cuando la Palabra de Dios nos dice que ya no somos dos sino una sola carne, también habla del dinero y lo que puedan hacer juntos como matrimonio.

Esa seguridad de lo que van a lograr juntos financieramente es importante. Este tema tiene que llegar a consenso antes del matrimonio. Puedo asegurarte que los problemas financieros y el no estar de acuerdo en la forma de utilizarlo va hacer interrupciones y dificultades financieras en el matrimonio, pueden acabar con su relación y aún más pueden destruir el enmarque del matrimonio.

Dentro del enmarque del matrimonio el poder de control del dinero ha sido y sigue siendo un detonante para las parejas en el matrimonio. Por muchos años hemos estudiado dentro de las relaciones de parejas las luchas económicas por control uno al otro. El poder de control financiero hace un daño emocional grande dentro de los matrimonios. Muchas de las personas que terminan en depresiones fuertes, intentos de suicidio y con una estima baja, que no le permiten tomar decisiones, vienen de relaciones de abuso económico y control financiero por uno de los cónyuges.

Con esta misma línea de pensar en relación al problema de las finanzas que presentan los matrimonios, que no llegan a tener los acuerdo antes del matrimonio o no han pasado por las manos de un consejero antes del matrimonio, son el mal uso del dinero, cómo invertirlo y darle prioridad a los gastos de primera instancia dentro del hogar. El problema financiero es uno de los elementos que lástima la relación del matrimonio causando violencia dentro de las parejas y/o ocasionando roturas y maltratos dentro del matrimonio.

Muchos matrimonios no han podido superar estas crisis tan violentas y han terminados en divorcios. Tenemos que prestar atención a este tema antes de tomar la decisión del matrimonio, después puede ser muy tarde.

Debo que añadir otro punto muy importante "La relación sexual en el matrimonio", es otro de los puntos fuertes que tomamos en la consejería antes de tomar la decisión de contraer nupcias. La Palabra de Dios nos enseña sobre cuatro puntos importantes sobre la vida sexual, los cuales son: multiplicación, diversión, comunicación y relajación. En el libro de Génesis 1:28 encontramos algo bien interesante que los matrimonios pasan por alto, "Y los bendijo Dios, y les dijo: Fructificad y multiplicaos; llenad la tierra, y sojuzgadla, y señoread en los peces del mar, en las aves de los cielos, y en todas las bestias que se mueven en la tierra". Desde este punto Dios le dijo a los matrimonios les doy toda autoridad para que tengan hijos, dominen en la tierra. Para hacer todo esto tiene que haber buena comunicación, una visión en conjunto. Todo esto tiene que estar alineado de disfrute y dominio. Así que tener intimidad sexual es adorar a Dios y cumplir con la asignación dada al matrimonio.

Podemos decir, alineado con lo que ya Dios dispuso, que el no tener una convicción clara del significado preciso de lo que quiere decir "Matrimonio" traerá problemas adquiridos durante la relación que hacen un daño marcado a la hora de la intimidad sexual entre las parejas en el lecho del matrimonio. El maltrata tanto sicológico como físico anula la intimidad de cada ser humano, se rompe el mandato de Dios en una vida donde Él tiene que ser el centro y enfoque del matrimonio. Sólo en Dios podemos traer a conciencia la verdad que cada pareja debe tener en el conocimiento en la unidad de la vida espiritual. Esta realidad es la que necesita cada pareja para vivir en el pleno vínculo del conocerse uno al otro en la vida espiritual, esto hace un equilibrio en la relación duradera. Antes de marcar la fecha del matrimonio, hay que hablar de la vida sexual. Hay que tener en mente los hijos que piensan tener. Cuando los piensan tener. La vida sexual de una pareja debe ser guiada por lo que Dios diseñó.

La vida espiritual es considerada uno de esos puntos de gran importancia en la vida matrimonial. Cuando ya esté claro en sus sentimientos no deben de olvidar que su relación con Dios es crucial. A la iglesia donde se van a congregar debe ser discutida en sus planes de una vida juntos. Siempre recuerden que la formación espiritual debe ser en una congregación donde puedan crecer juntos y esté en la visión religiosa de ustedes. Todo matrimonio tiene que estar constituido en una relación con Jesús y su Palabra para tener éxito. Nada fuera del Señor Jesucristo es duradero y permanente.

Para resumir y tener un concepto claro de lo que debes conocer de la persona con la que piensas casarte, te recalcaré en aconsejar en estos puntos de los cuales hemos hablado en este capítulo:

• ¿Estás preparada/o para compartir tu vida con otra persona?

• ¿Qué significa para ti el matrimonio? ¿Es lo que dice el Señor Jesús del matrimonio?

• ¿Cuánto estás dispuesta/o a entregar por amor? ¿Es esa la base del matrimonio?

• ¿Ya hablaron de las responsabilidades que van asumir juntos?

• ¿Conoces sus familiares? ¿Cuál es tu opinión de ellos?

• ¿Han hablado de las finanzas? ¿Saben cómo será su estilo de vida económico?

• ¿Ya están al tanto de sus temperamentos en medio de los conflictos?

• ¿Y qué del carácter y las emociones? 90

• ¿Han hablado de su vida sexual? ¿Qué Dios ha dispuesto en el lecho del matrimonio?

• ¿Ya decidieron a la iglesia donde se van a congregar?

Que mueve a un hombre
y a una mujer

Muchos nos hemos preguntado cómo yo podría hacer para complacer a mi esposa o esposo. Pero el Dios de los cielos que nos bendijo nos dio instrucciones que pasamos por alto. Todo varón es sacerdote en el hogar y cabeza de mujer, es el responsable de rendirle cuentas al Señor por la vida espiritual de cada uno de sus miembros del hogar. Para él sentirse como sacerdote necesita sentirse que se toma en cuenta este mandato que el Señor estableció por medio del respeto.

Sí todo hombre necesita respeto y más de su familia. La esposa es la que primeramente tiene que aceptar que su esposo tiene una responsabilidad con ella y es la dirigirla en su vida espiritual. Quiero aclarar que es de vigilar y ayudarle en su caminar espiritual como una cobertura en su búsqueda y en su ministerio, porque la salvación es individual. Hago notorio que un matrimonio en el fundamento del Señor es un matrimonio bendecido de antes de comenzar. Si tu vida no está alineada al caminar del Señor, también puedes tener un matrimonio fuerte. La clave es que reconozcamos nuestras posiciones en la relación, todo varón necesita ser respetado.

Cuando vamos hablar de nosotras las mujeres, es bueno aclarar que las escrituras dicen ámalas como a un vaso más frágil. Porque la necesidad que tiene una mujer es de amor y protección. Creo que cuando el Señor estaba hablando de un vaso más frágil se refería a la formación del cuerpo pero Él sabía que las emociones de una mujer son bien vulnerables. Por eso la necesidad de protección. Varón a una mujer le gusta ser cuidada y atendida pero no controlada. Aunque la mujer no acepte creer que su esposo es como un padre, hay algo en su esencia que necesita esa calidez de papá modelo de Dios.

Estas necesidades de presentan tanto los hombres como las mujeres son la esencia de una relación maravillosa para hacer del matrimonio uno parecido a lo que Dios estableció. Comencemos a desmenuzar como fuimos criados, esto fue lo que nuestros abuelos y padres nos dejaron ver en sus matrimonios. Pues lamentablemente la mayoría de las personas han crecido en hogares disfuncionales. La falta de un padre o una madre ha dañado el diseño de Dios para las familias de la tierra. La falta de conocimiento y educación dentro del núcleo del hogar cambió el diseño dado por el Señor. Nos estamos preguntando porque tanto dolor y violencia dentro de nuestra sociedad. Lamentablemente tenemos que evaluar nuestras familias, nuestras crianzas y si estamos decididos a cambiar a favor del Reino de Dios, para hacer como Él hace en el cielo se hecho en la tierra.

Nuestro hogar es el lugar donde Dios deposita su amor para ser entrenados en el diario vivir con la ayuda de Jesús y la enseñanza de una familia modelo al diseño de Dios. Cuando dentro del hogar no se utiliza los recursos del Señor y se maneja a la idea del pasado erróneo y la sociedad desconectada de Dios estamos en la plena destrucción de vidas y generaciones. Tenemos que ir a la experiencia de volver al lugar de intimidad con el Señor para poder sanar el dolor y poder perdonar.

Con todas esas situaciones puede también entrar una relación con otra persona trayendo más destrucción a la relación de parejas, esta otra experiencia que pueden sumarse con el dolor de una infidelidad, es un daño profundo que le trae a las parejas esta situación. Para el hombre esta parte es un golpe a su hombría que le destroza emocionalmente. Para la mujer es sentirse abandonada, cambiada y hasta se siente que se le ha utilizado. Pero un matrimonio puede decidir levantarse y antes de llegar a tomar la decisión de conocer el daño del divorcio por el detonante de la infidelidad.

La mujer que sufre de infidelidad piensa que el mundo se cae, que no es lo suficiente hermosa y llena de talentos como esposa para conquistar a su esposo, por eso es importante no conocer a su novio, con anticipación conocer sus valores cristianos y sus valores sexuales y de amor, antes de ser su esposa converse sobre estos temas con él.

De la misma manera con la infidelidad yo no tengo nada que ver con ella es que me persigue y no entiende. Perdemos la dignidad cuando un hombre juega hacer cristiano y hacerte ver que el enemigo le hace ser infiel. Dentro de las congregaciones encontramos muchas personas que están viviendo vidas fuera del enmarque del Señor. Pensé que él era cristiano pero golpeaba la mujer y era infiel.

No todo el que dice que es cristiano o cree en Cristo dice verdad. Tome un buen tiempo para conocer a esa novia o novio y ore a Dios para que Él aparte de usted a esa persona si no es la persona correcta

La fuerza de la mujer supera al hombre

El SEÑOR Dios puso al hombre en el jardín del Edén para que se ocupara de él y lo custodiara;...

Después, el SEÑOR Dios dijo: «No es bueno que el hombre esté solo. Haré una ayuda ideal para él». Génesis 2:18

De acuerdo con este pasaje, es a la soledad e individualidad del sexo masculino lo que Dios resalta como ¡NO bueno, NO recomendable! Después de que Dios dijo que debía crear una ideal ayuda para el hombre porque no era bueno que él estuviera cuidando el jardín solo, transcurrió mucho tiempo para que ese sueño del Creador se materializara. Ya que después de que Dios concibió tan hermosa idea de crear a una persona ideal para Adán, primeramente dispuso crear toda la fauna silvestre y doméstica del planeta, animales todos por sus especies y sus distintas características, imagino cuantos años puedo Adán estar solo mientras le daba un nombre a cada uno de los animales de la tierra por instrucción de Dios, los nombres siempre han sido acopiados a las especies según las características de la especie, un análisis como este debió consumir al primer hombre en un periodo de mucho trabajo durante mucho tiempo.

Entonces el SEÑOR Dios formó de la tierra todos los animales salvajes y todas las aves del cielo. Los puso frente al hombre para ver cómo los llamaría, y el hombre escogió un nombre para cada uno de ellos.20 Puso nombre a todos los animales domésticos, a todas las aves del cielo y a todos los animales salvajes; pero aún no había una ayuda ideal para él. Génesis 2:19

Después de todo aquel arduo trabajo para Adán de observar a y colocarle un nombre a los caimanes de la Florida, los lagartos de Australia, los loros de la India y las hermosas lapas multicolores de Centroamérica y así sucesivamente, Adán seguía solo, sin ayuda ideal.

No sé qué interpreta usted cuando lee este pasaje de Génesis pero yo veo a un Dios que pensó en la mujer y se tomó un buen tiempo, no solo para observar el comportamiento del sexo masculino en su soledad, sino también porque Dios quiso crear una obra tan maravillosa que fuese capaz entre otras cosas de gestar vidas dentro de su mismo cuerpo y de que fuera tan fuerte que pudiera mover el corazón de los hombres hacia Dios, su fuerza vino hacer tan fuerte y notable que venció a guerreros como Sansón, a poderosos reyes como David y el Rey Asuero, su fuerza se hizo presente en el Edén, cuando ella llegó le dio movilidad y actividad a Adán. La mujer tiene un propósito por Dios, que así como puede usarlo para la Gloria de Cristo puede utilizar su fuerza para vergüenza de la mujer.

Es al sexo femenino la única persona a la que la Biblia hace mención para hacerla responsable del éxito del hogar así como del fracaso, en proverbios 14:1 dice que la mujer por su sabiduría edifica el hogar, pero al mismo tiempo dice que esa misma mujer si utiliza la fuerza de su necedad puede destruir el hogar.

La ayuda ideal

La mujer debe comprender que ella está escogida por Dios para "AYUDA" al hombre y para que también sea "IDEAL". Quiere decir que sin la mujer el hombre no puede ir más lejos que al campo donde únicamente le pondrá nombres a los animales.

La mujer es ideal, es la creación que el planeta necesitaba para que el equilibrio estuviese perfecto. Toda mujer necesita conocerse a sí misma, para tomar decisiones respecto a sus metas y su matrimonio como parte esencial de cada mujer diseñada con el conocimiento de su Creador, Dios.

Conoce cuales son las debilidades que usted como mujer tiene, porque esas debilidades son las que tienen la fuerza femenina para hacer caer a Sansón o desviar el corazón del hombre más sabio Salomón, tal y como lo hizo la reina de Sabá, ella visitó a Salomón y "él le dio todo lo que ella quiso, además de lo que ya Salomón le había dado" 1 Reyes 10:13

Conozco algunas mujeres como la reina Sabá, no les basta con lo que reciben en el hogar, ellas quieren y exigen más y luego se van como lo hizo Sabá.

La mujer es parte fundamental para las relaciones sanas del hogar. La aceptación y la identidad que Dios proporciona a cada mujer, es una parte de su autoestima. El amor que se tenga ella misma es parte del desempeño y de la labor exitosa como mujer, esposa y madre. El conocerse a sí misma es una de las mejores fuentes, si me conozco primero yo y me entiendo entonces los demás pueden conocerme y ver en mí la esencia de mi creador. Cuando la mujer cae en un pleno dolor, debe tener una relación plena en su creador y las fuerzas necesarias para poder a tener vuelo.

Proverbios en el capítulo treinta y uno versículo diez donde se alza a la mujer como *"Mujer virtuosa, ¿Quién la hallará? Porque su estima sobrepasa largamente a la de las piedras preciosas"*. Que comparación a la mujer que está en dolor y sufrimiento, que tiene algunas necesidades, pero es una motivación para levantar su vuelo a lo más alto. La mujer tiene poder y fortaleza en la presencia de Dios.

El balance en el matrimonio es la bendición de una mujer que no sea rencillosa y necia. Ella debe conocer todas sus responsabilidad, no me refiero a las responsabilidades de mujer de hogar, eso es de sentido común y de educación familiar, me estoy refiriendo a las responsabilidades de honor que Dios le dio para que ejerza en la tierra durante su vida de soltera, de casada o de viuda. Esas responsabilidades nacieron en el corazón de Dios para la mujer, Dios espera de nosotras que actuemos con sabiduría para que el propósito por el cual fuimos formadas sea honrado.

La mujer es una joya de gran estima. Verse así solo lo puede lograr conociéndose y respetándose a sí misma, es usted quien debe creerlo primeramente. Este es el primer paso de cada mujer darse completamente a lo más íntimo de ella misma.

Hay que tomarse un tiempo de expresar la necesidad de la mujer para con su Dios, esta relación vitaliza el saber el que de su identidad como mujer, esposa y líder espiritual. La entrega en la intimidad sexual logra el éxito y triunfo del matrimonio. ¡Entréguese!

Para que el matrimonio perdure tiene que haber entrega total. El Señor expone en Cantares de Cantares romance, comunicación, confianza entre el matrimonio. Que el hombre tenga seguridad de la transparencia de su esposa, luego del tiempo no cambie lo que le dejó ver al principio. El Señor le hace saber a la mujer, si reconociste tus virtudes, tu belleza y lo que eres no te unas a alguien que no puede valorarte. En otras palabras no te cases con yugo desigual.

La mujer y su relación con su Creador producen un éxtasis en la vida cotidiana de gran altura. El Señor entra al corazón de la mujer haciendo que ella reconozca una profunda necesidad espiritual, donde la hace reconocer la necesidad de encontrarse con Jesús. La mujer que está expuestas a necesidades y sufrimientos por parte de su pareja, en una relación de intimidad con su Señor, encuentra en los brazos de su Señor todos sus problemas y situaciones cubiertos por el amor de su Creador.

La mujer conocedora del amor del Señor sabe que no está sola, que él le suplirá de sus necesidades y proveerá para cada uno de los suyos. Ella reconoce que él se olvidó de lo pasado y que en él estará segura y tomará control y autoridad por la victoria de Jesucristo en la cruz del calvario. La unión de la mujer en Cristo supera cualquier aflicción y dolor que las secuelas del abandono y maltrato le hayan dejado.

Una mujer con conocimiento del Señor es una mujer exitosa en todos sus caminos.

El propósito de este libro es para dar a conocer que tanto el hombre como la mujer necesitamos el uno del otro para hacer la obra a la que fuimos llamados.

Cristo le dice levántate yo estaré contigo en tus momentos de soledad y tristeza. Yo te llamé a testificar al mundo que hay uno poderoso que conoció tu dolor pero hoy te devuelve la alegría.

En el caminar que se nos presenta estamos evaluando las relaciones de parejas cuando entran en crisis. Una de las cosas que se pueden ver es el tomar decisiones porque me gustó esta persona, es atractiva, es apasionante y me satisface en mis relaciones de intimidad sexual. Lejos se está de entender que el matrimonio no es sólo pasión sexual y disfrute en el lecho de la cama. Lamentablemente la falta de conocerse el uno al otro sucumbe en destrucciones dentro de las parejas que contraen matrimonio. Cuando se acaba la pasión y los deseos sexuales, comienza la amargura, las decepciones y los arrepentimientos. Que trae esto enfriamiento en la relación la cual produce enojos, estos te llevan a la ira y termina dando fruto de pecado. Se forja el ciclo vicioso dando a luz golpes, humillaciones y terminando con el rompimiento de esa relación que fue pactada en el altar de Dios.

Demostremos ese Amor con Respeto

La iglesia y los creyentes pueden disfrutar de la iluminación de la Palabra a través del libro de los Efesios en el capítulo cinco versículo treinta y tres. Demostrar mi amor y darle respeto está basado en este texto bíblico, el cual hemos leído infinidades de veces, se ha predicado del mismo y la iglesia del Señor lo ha ido pasando inadvertido. Andar como hijos de luz es otro de los versículos que nos adentrar a una relación plena como parejas. "Sed, pues, imitadores de Dios como hijos amados. Y andad en amor, como también Cristo nos amó, y se entregó así mismo por nosotros, ofrenda y sacrificio a Dios en olor fragante" (Efesios 5:1-2). Es entregarse por completo como Jesús lo hizo por nosotros.

Qué relación tan hermosa el contraste de estos versículos para fundamentar el matrimonio.

Las cantidades de divorcios existentes dentro de la iglesia del Señor la mayoría provienen por la falta de conocer lo que es Amor para la esposa, su demostración y lo grande de su significado en lo que es referente al hablar del sentimiento de la esposa o la mujer o lo que significa para ella. De cada diez matrimonios cinco quedan en pleno divorcio, eso significa el cincuenta por ciento de los creyentes se divorcian.

Lo que nos explica que el amor solo no es suficiente para el matrimonio. En su investigación sobre Efesios en relación al Amor, descubre que las parejas que si eran amadas, sus esposos no le podían mostrar su amor porque ellos también estaban heridos y faltos de ser amados. La investigación arrojó que dentro de los aconsejados que los hombres no podían demostrarle amor a sus esposas ya que ellas no le respetaban. Los matrimonios estaban en crisis y ellos, los hombres, no hablaban por vergüenza o machismo, lo cual empeoraba la situación. La investigación del Dr. Emerson ha sido un recurso maravilloso para las crisis de los matrimonios dentro de las iglesias.

El tema de la comunicación es un punto importante, diríamos de suma importancia, para el triunfo de la estabilidad del matrimonio. Un matrimonio que puede tener comunicación puede tener una vida exitosa. Las relaciones de intimidad sexual resultan de bienestar después de haber llegados a términos y acuerdos dentro de la relación. Esto trae una vida abundante y maravillosa dentro del matrimonio.

El aprender a entender y descifrar el vocabulario de la pareja es un arte que se aprende con sutileza y ardua preparación. Para cada cónyuge es importante conocer el lenguaje del cuerpo y el de los gestos juntamente con las contestaciones en estado de negación. Este tema es bien estudiado en este capítulo bajo el tema de la comunicación. La comunicación es uno de los problemas dentro de las parejas y que propician las roturas de sus relaciones y llegan hasta el divorcio.

En la investigación del matrimonio se puede encontrar temas que sobre pasan las expectativas del intelecto de las parejas e individuos. Cada sentimiento expresado, sea negativo o positivo, debe ser llevado a lo grande de Dios. Es confortable saber que aun en las diferencias podemos ver el plan de Dios. No importa la situación que cada pareja afrente, el reconocer que se necesitan el uno al otro cambia el contorno del ambiente donde se encuentran y las diferencias entre sí. Cada pareja tiene necesidades diferentes.

Hay un lenguaje que expresa una necesidad de cada persona. Para una mujer el sentirse protegida es sentirse amada, sentirse escuchada es sentirse apoyada. La mujer tienes necesidades diferentes al hombre por eso la importancia de conocer el lenguaje de cada uno. El hombre necesita respeto.

El hombre necesita que su esposa le escuche sin ser criticado. Necesita que ella sea su consejera sin criticar ni agredir con las palabras. El esposo esconde sus sentimientos por miedo a hacer herido. Todos estos temas son importantes para que cada pareja pueda tener el conocimiento para poder tener un matrimonio feliz y exitoso.

En investigaciones hechas a parejas que sufren de la Violencia Doméstica dentro del Matrimonio Cristiano, podemos reconocer estos temas de gran importancia para el desarrollo de terapias en la pareja. Las terapias a parejas son de suma importancia. Dentro del marco del matrimonio puede reconciliar las parejas con el conocimiento suficiente para mantener una relación dentro del pacto del matrimonio para toda la vida. Por nuestro enfoque en la búsqueda de experiencia y conocimiento en el tema del Amor, podemos tomar mucha información para desarrollarnos como ministros en consejería.

La importancia de la educación dentro de las congregaciones ha sido un factor importante a la hora de entrar en consejería pre matrimonial. El desarrollo de temas variados dentro de las consejerías ayudaría grandemente a los contrayentes a tomar más responsabilidad ante la decisión del matrimonio.

Uno de los temas, de que la verdad me hace libre es parte de esta terapia y conocimiento en la relación de parejas. Esconder dentro de nosotros cosas que nuestra pareja debe saber en algún momento saldrá a la luz. Seamos transparente es uno de los consejos que podemos aprender en la trayectoria de la enseñanza de la consejería. La Palabra de Dios es una terapia exclusiva junto a los consejos terapéuticos para cada matrimonio. Dios siempre nos ha mostrado a través de su Palabra que la verdad nos hace libre. Dentro de las parejas que comienzan una relación, al principio se da una dinámica de entusiasmo y de ocultarse información el uno del otro, para no perder terreno en la conquista.

Al principio del empezar a conocerse no es tan dañino, pero según toma forma la relación se va poniendo más difícil el confesar o hacer saber cosas del uno o el otro que pueden llevar a quebrar la relación. Siempre tenemos que hablar las cosas que se deben saber a tiempo. El empezar una relación con secretos del pasado guardados a lo largo de la relación traerá conflictos.

Transforma tu dolor en gozo

En Cristo las tragedias se convierten en triunfos. Las barreras y derrotas que nos encontramos en nuestro crecimiento y esa auto ayuda en los momentos donde nos sentimos fracasar son parte de lo poderoso que vamos hacer en Cristo. Los acontecimientos vividos nos deben motivarnos a escudriñar los momentos de obstáculos, curvaturas, los desalientos en nuestras vidas para poder triunfar. No lejos de una verdad tan real que se ha perdido la expectativa de evaluarnos nosotros mismo en cada momento de nuestros sin sabores por la vida. La lectura de libros que nos llevan a reflexionar en el caminar de nuestras vidas que son vitales para el crecimiento que es llevado a los pies de las Escrituras. Todo lo tenemos que llevar al conocimiento dado por Jesús, para fortaleza espiritual y victoria en nuestras relaciones.

Tenemos que aprender a tomar el fracaso para revertirlo en bendición. Aquí es donde podemos aprender a apropiarnos de la presencia de Dios. A permitirle a Dios tomar y usar lo que ha puesto en nuestras vidas. Que estemos dispuestos a cooperar con el plan de Dios ya establecidos para nosotros. Nos lleva recapacitar que debemos esperar que Dios siempre obra en nuestras vidas. La obediencia siempre es la llave del triunfo para la grandeza de Dios para nuestras vidas y la de nuestras familias. La humildad pieza clave en ver el poder y los milagros de Dios hacerse realidad a nuestros ojos. El postrarnos y esperar el momento preciso, acompañado de la visión de Dios.

Tenemos una asignación de parte de Dios para poder combatir esa presión y opresión que a veces quiere apropiarse de esos momentos dentro de la intimidad de la relación. En el evangelio de Mateo 11:28-30 Nos dice "Venid a mí, todos los que estéis trabajados y cargados, y yo os haré descansar.

Llevad mi yugo sobre vosotros y aprended de mí, que soy manso y humilde de corazón, y hallaréis descanso para vuestras almas. Porque mi yugo es fácil y ligera mi carga." ¿Cómo reacciona usted cuando tiene presión? ¿Nos alteran los pequeños problemas y desilusiones más de lo debido? ¿Sé nos hace difícil llevarnos bien con la gente? ¿Ya no disfrutamos de las cosas que antes nos agradaban? ¿Sospechamos de la gente cuando no deberíamos de hacerlo? Debemos estar seguros de nuestra identidad, de quienes somos. Reconozcamos a quien queremos agradar. Pongamos prioridades, descubra y conozca lo que quiere lograr. Concentrémonos en una sola cosa a la vez. Aprendamos a no hacer las cosas solo. Tengamos disciplina en la oración. Aprendamos a entregar las tensiones a Cristo. Toda esta ayuda para vivir en victoria nos hace tener relaciones fructíferas y plenas. Dios tiene una gama de soluciones para nuestras vidas. El acercarse a Dios lo que nos trae es bendición. La Palabra expresa que "Solo los violentos arrebatan el cielo". Eso quiere decir los atrevidos, los que se atreven a levantarse aun sabiendo que están el dolor y sufrimiento, pero que saben que todo lo pueden en Cristo que les fortalece.

Tenemos que reconocer al enemigo. "No tenemos lucha contra sangre ni carne, sino contra principados, contra potestades, contra los gobernadores de las tinieblas de este siglo, contra huestes espirituales de maldad en las regiones celestes" Llevemos todos los problemas al Señor. Aprendamos a confiar y tener fe en el Señor Jesucristo. Declaremos victoria ante las situaciones. Reconocer y desenmascarar al enemigo es conquistar el problema para volver en bendición. Cuando el problema lo cambiamos a conquista suele desaparecer la ansiedad y la inseguridad. Ya de lo que vamos a hablar es de victoria y bendición. Si Cristo lo hizo por nosotros en la cruz del calvario ¿Qué detiene a los hijos de Dios en actuar de la misma naturaleza? Una de las situaciones que penetran dentro de las relaciones de pareja es la falta de creer en ellos mismos. Puerta que el enemigo usa para destruir los matrimonios a través de la desconfianza. Ahí también se levantar muros de violencia y destrucción, acabando con el pacto del matrimonio.

El sufrimiento, como comprenderlo, es parte de lo que las familias pasan. Este capítulo junto al de la preocupación, el del enojo y la depresión nos hace mirar dentro del hombre interior y reconocer lo que nuestra alma necesita. Tenemos que viajar a lo profundo de los sentimientos y las emociones en nuestro diario vivir, y aún reconocer la trayectoria del pasado que aún necesita sanar. Un alma cargada con estos nutrientes, está completamente fuera de combate.

El alma que no descarga su dolor y sus emociones en Jesucristo termina en agonía destructora. Solo lo que hace es violentar todo lo que está su paso.

La soledad es una preocupación dentro de las familias, que aun estando juntos se sienten solos. Las estadísticas arrogan a la luz un alto por ciento del problema de la soledad. Esto a su vez trae conflictos y depresiones dentro del núcleo de la familia. Esta situación junto a la falta del perdón tanto hacia a nosotros mismo como a los que nos han hecho daño en el pasado daña nuestra relaciones de parejas y aún más la de la familia en general.

Estas situaciones son bien estudiadas dentro del marco del individuo a través de estos capítulos para despertar una alerta a las familias y dejar ver las consecuencias que trae el no reconocer ciertas necesidades dentro de nosotros mismos.

Pensar que sólo lo podemos lograr es engañarnos a vosotros mismo y permitir que el enemigo tome ventaja sobre nuestras vidas y la de nuestros seres queridos, la familia.

Cuando llegan las tragedias a nuestras vidas podemos estar preparados para combatirlas. Todos estos elementos que debemos tener en alerta traen en nuestras vidas la de la ayuda necesaria para el individuo y una auto evaluación, nos hace prepararnos para evitar tragedias como la de la violencia doméstica y como detener los efectos que estos pueden tener dentro del marco de las familias cristianas. El divorcio es una tragedia, por lo tanto el individuo que tiene relación con Dios y está alerta a las situaciones dentro de sí y la de su cónyuge convierte los fracasos en triunfos. Todo lo que podemos hacer es detener nuestras acciones en la presencia del Señor.

Con la libertad que fuiste llamada

Como mujer eres llamada para el desarrollo de todas las áreas en la vida. Ya eres libre en Cristo para equiparte en todas esa partes de tu vida que necesitas, para el bienestar de tu vida y la de los tuyos. Necesitas conocer el mensaje que Cristo dio a cada creyente, por sí todavía no has encontrado esa identidad. Para aquellas mujeres que desconocen la gloriosa mujer que ha sido diseñado por su Creador, las lleva a un encuentro con ellas misma y con su diseñador. A través de la Palabra que se recorre en cada parámetro que trae historias de algunas mujeres que fueron dotadas de la belleza interior por su Creador. El Creador alumbra al conocimiento de cada mujer que se ha encontrada fuera de lo que ella representa. "Mujer virtuosa quién la hallará".

El Señor entrega una palabra alentadora que nos lleva a entrar en una dinámica espiritual donde la mujer puede reconocer que traumas del pasado, rechazos, dolor y muchas otras cosas que ha tenido que pasar en su vida puede paralizar el sueño de Dios para su vida.

En cada proceso doloroso que no se ha podido olvidar es de gran tropiezo en el desarrollo de la mujer que ha llamado. La familia es una institución que necesita de la seguridad e identidad de cada componente. Cuando una mujer o persona no reconoce quien es, esto se convierte en algo muy difícil de enseñar y dar a otros lo que necesitan. Cuando Jesús entró en Samaria encontró allí una mujer que no había entendido lo valiosa que era. Jesús le pide de beber y ella comienza una conversación con el que iba hacer su Salvador que no le hacía sentido.

Esa mujer había perdido su identidad y allí mismo entendió que ella tenía algo grande que hacer y aportar. En el momento que el Señor le identifica su vida reconoce que alguien le podía hablar de todo lo que ella había pasado. Inmediatamente comienza su ministerio, dejó su vasija y corrió a decirles a todos sobre Cristo. Serás tú como esa mujer que no sabe que el pasado es borrado y Dios te levanta a que todo el mundo te conozca por lo que Él hizo en ti.

Un relato adicional que podemos hacer mención es de la historia de Jacob como este trabajó por siete años por el amor de Raquel, la cual su hermosura era envidiable, y su padre, Labán, le dio a Lea porque esta era menos hermosa nos lleva a reconocer que estamos pensando siempre en la belleza externa.

Vemos en la historia que ella era mayor que Raquel pero no se había casado y por esta razón Labán se la dio a Jacob cuando este vino a buscar lo prometido, o sea Raquel por la cual había trabajado siete años. En la historia vemos que Jacob tomó a Lea en lugar de Raquel y que al otro día éste fue a reclamarle a Labán. Cuando escudriñamos esta historia que presentada en la Biblia recordamos que en algunas ocasiones otros nos han dicho lo que somos y valemos ante la sociedad. Esto se convierte en una equivocada forma de identificarnos en el ADN que ya nuestro creador hizo en nosotros. Lea tenía una belleza interna que de ella no se hablaba, fue madre de la mitad de la tribu de Israel, tenía una esencia de Dios para llevar legado al plan de Dios, pero no era tan bella como su hermana Raquel.

El mundo sabe que como madre se nos dice: Dar a luz requiere un intenso esfuerzo de tu parte. Puedas que tengas que pujar como una mujer en trabajo de parto. Tendrás que coger aire y pujar con todas tus fuerzas contra el diablo. El apóstol Pablo dijo: Hermanos, yo mismo no considero haberlo alcanzado; pero una cosa hago: olvidando lo que queda atrás y extendiéndome a lo que está delante, prosigo hacia la meta para obtener el premio del supremo llamamiento de Dios en Cristo Jesús (Filipenses 3:13-14). Proseguir es insistir. Tendrás que seguir adelante a pesar de lo que te haya pasado siendo niña, o de lo que te haya dicho tu maestra el primer día de clase o lo que te haya hecho tu primer novio. Tendrás que pujar con todas tus fuerzas por dejar salir lo que Dios ha puesto en ti. Es más, si no pujas, no pasará nada. Hay algo que Dios ha concebido y Dios ha creado en ti que se supone que tiene que salir. Tendrás que batallar con años de opresión, represión y depresión... pero lo que está dentro de ti es algo que Dios quiere sacar a la luz. Él puso allí el tesoro y Él te ayudará a sacarlo afuera. Pero depende de ti si quieres pujar.

Puedes que tengas que pujar contra espíritus de suicidio. Puede que tengas que luchar contra años de ira y amargura. Puede que tengas que luchar contra tus propios sentimientos de temor. Puede que tengas que batallar contra tu propia tendencia a compararte con otros. Cuando te comparas con otras personas, te restringes a un espíritu improductivo. Te preocupas más por lo que la gente piense de ti que por lo que el Espíritu de Dios quiere hacer contigo y a través de ti. Tu tesoro está lleno de posibilidades y potencialidades. Tu tesoro es una bendición que está esperando nacer. El escritor quiere hacer conciencia del valor de la mujer y el potencial que hay en ella para el reino de Dios. La familia que está compuesta de un padre y madre traerá al núcleo de ellos bendiciones y tesoros de gloria al dar a luz el sueño de Dios para sus vidas.

Tenemos que hacer aludir un tema de gran importancia para la iglesia de este siglo, mira como lo relata:

"Cuando surge un problema doloroso en la vida de la mujer, de sus hijos o en la vida de su hermana... no se lo cuenta a nadie. Se ve forzada a guardar el secreto porque no se ha construido ninguna plataforma que le permitan a las mujeres ser auténticas las unas con las otras sin correr el riesgo de ser apedreadas. Los secretos que guardan las mujeres están matando a la iglesia. ¿Te imaginas a una mujer en tu iglesia dando el siguiente testimonio: Fui una niña maltratada, fui víctima de incesto y, al ser un poquito más grande, me violaron. Tengo cuatro hijos de tres maridos diferentes. Tuve unos veintinueve novios en mi vida, y actualmente estoy divorciada, intentando con mucha dificultad educar a mis hijos. Sé que el Señor me ha salvado y aquí estoy. Tengo lucha, pero sé que soy salva." Este testimonio es vivido día a día en nuestras iglesias. Este tema grita a voz quebrada en nuestras congregaciones con silencio, aunque la víctima la ofrece a Dios toda su alabanza.

Esta información que es proporcionada a lo largo de todo el libro despierta el anhelo de trabajar sobre el auto estima de la mujer. Reconociendo su verdadero propósito y valor dado por Dios. La mujer que Dios ha diseñado, es una que al escuchar las palabras dedicadas a ella se convierten en fortalezas o en derrotas. El oído de ella fue diseñando para oír la voz de su Creador. Por lo tanto las palabras pueden hacer de ella la mujer más feliz o más infeliz. De esto podemos decir que el enemigo lo sabe por tan razón es el porciento más alto en maltrato y muertes dentro de nuestra sociedad y en las iglesias. Con facilidad culpamos al enemigo por nuestras decisiones. Somos tan poco éticos de no aceptar que de nuestra propia concupiscencia salen los instintos más malvados si no llevamos nuestras vidas a los pies de Cristo. La mujer de Dios es una rosa de hermosura porque su propio diseñador le proporcionó todos los detalles existentes para su esplendor.

En la sociedad se le ha perdido el respeto a esa mujer. Podemos señalar que por su falta de identidad se ha expuesto a deslumbrar con su belleza externa y su sexualidad. El ambiente que rodea la iglesia se influye de manera negativa ciertas costumbres y culturas que no se le da la seriedad correspondiente a tiempo por consecuencia viene trayendo una mancha en la novia de Cristo, lamentablemente la mujer sin identidad es parte de esta influencia. La mujer que es llamada en libertad de conocimiento encuentra su realidad espiritual. Esa formación la hace conocedora del poder y autoridad en Cristo. Ella reconoce que un corazón limpio, puro y blando es el que el Señor busca para depositar su gracia y favor. Esa mujer es la que transforma con su testimonio a otras mujeres que han perdido su identidad. Es ella la que levanta a otras del dolor y sufrimiento, empujándolas a ser heroínas del baluarte y poder del evangelio del Señor Jesucristo.

Estadísticas

Los problemas conyugales tienen en muchas veces una mención a los problemas culturales. Se añade el problema de la incompatibilidad y la infidelidad de las parejas en las roturas de los matrimonios. Añadimos que los valores del matrimonio deben ser la escala de enseñanza en nuestras familias y la sociedad.

Conectamos toda esta enseñanza con pasajes bíblicos explícitos de la fidelidad y la honra del matrimonio. La preeminencia del amor es uno de los puntos establecidos como imposible de romperse. De ahí la importancia de establecer el amor como primer elemento de un matrimonio. Venga lo que venga esté permanecerá por siempre.

El problema de la violencia doméstica en los Estados Unidos y en todas partes del mundo es un problema que nos debe preocupar a todos. Se define la violencia doméstica como: "cualquier asalto, ataque físico, amenaza verbal, u ofensa criminal que resulte en algún daño físico o muerte de un miembro de la familia por otro del hogar." Se añade que la familia debe ser el centro de enseñanza básica para fomentar relaciones humanas, desarrollar confianza, y construir autoestima. A menos que su funcionamiento se de en su debida forma, el resto de nuestra estructura social podría deteriorarse.

Aquí recopilamos varios tipos de abusos en la violencia doméstica y sus definiciones por el Departamento de Justicia de los Estados Unidos. Tales como: Físico: Golpear, abofetear, agarrar por la fuerza, pellizcar, patear, halar el cabello, etc. Emocional: Llamar por sobrenombres, constante crítica o humillaciones, hacer sentir mal a la persona en privado o público, suspensión de privilegios y manipulaciones, etc.

Psicológico: Causar miedo o intimidar, uso de armas, amenazas con daños físicos, manipular el comportamiento, controlar la comunicación, aislar de la familia y amigos, drogar la víctima, etc. Sexual: Forzar o intentar forzar algún contacto sexual o comportamiento sin consentimiento, tratar al individuo en forma de demanda sexual, llamada telefónica amenazadora, etc. Económico: Forzar o tratar de crear dependencia financiera al ejercer control de los recursos financieros y evitar el acceso al dinero, entre otros. Datos de la violencia doméstica referidos por el Departamento de Justicia de los Estados Unidos: Una violencia doméstica ocurre de 12 a 15 segundos. De 4 a 5 mujeres mueren cada día a manos de su pareja. De las mujeres maltratadas el 25% están embarazadas. 21% de las víctimas de crímenes violentos son mujeres y el 2% son hombres.

El 95% de crímenes de violencia doméstica son cometidos por hombres contra mujeres. La violencia doméstica encabeza la lista de lesiones entre las mujeres de 15 a 44 años; más que los accidentes automovilísticos y el abuso sexual.

Cada año se pierde el equivalente 1,750,000 días de trabajo por causa de la violencia doméstica, sólo en los Estados Unidos. Los gastos estimados en violencia doméstica cada año son de $67 billones. El 80% de los jóvenes delincuentes experimentaron violencia doméstica. La violencia doméstica dentro de la familia es desastrosa en todos los aspectos. Puede constituirse una amenaza para la vida. Se estima que un 65% de todas las parejas en alguna forma han cometido abuso físico durante el matrimonio. Serios golpes ocurren en un 25% de esos casos.

Cifras del FBI revelan que 3,312 personas fueron asesinadas por sus parientes en 1982. También informó que entre 15 a 25% de las personas casadas comenten homicidio contra su pareja en los Estados Unidos cada año. Otra estadística estima que una esposa es golpeada cada treinta segundos en Estados Unidos.

También se cuentan unas 2,880 mujeres que son golpeadas cada día, es decir 1,051,200 cada año. La cifra de estas estadísticas son de gran preocupación para nuestras congregaciones. Parte de estas estadísticas están presente dentro de las iglesias de las cuales alguno de nosotros lideramos. Pero el silencio es un detonante dentro de este ciclo errante. ¿Por qué se guarda silencio? La religiosidad y la falta de educación entre los miembros de la congregaciones a influenciado a no detener este mal que por años sigue cobrando vidas en nuestras familias.

Enfocandome en estadísticas de otros países encontré esta publicación por ONU, OMS, UNIZAR, UPO con autor de Universia España: Actualmente 603 millones de mujeres viven en países donde la violencia doméstica no está considerada como un delito El 4,3% de las universitarias

confesó haber sido golpeada por su pareja, el 10% haber recibido insultos o mensajes y el 6,2% haberse sentido ridiculizada.

El maltrato a la mujer y la violencia de género es el fenómeno social que más vidas de mujeres cobra por año en todas partes del mundo. Cifras de la Organización Mundial de la Salud (OMS) indican que la tercera parte de las mujeres del mundo se ven afectadas por algún tipo de violencia doméstica, principalmente infligida por su pareja. Por cada minuto que pasa 4 mujeres son agredidas. Se trata de la principal causa de muerte entre mujeres de 15 y 44 años, y se estima que en el mundo, 7 de cada 10 sufre o sufrirá algún tipo de violencia en algún momento de su vida.

La violencia de género en América Latina

En el marco del Día Internacional de la Eliminación de la Violencia contra la Mujer celebrado el pasado lunes 25 de noviembre, la Organización de las Naciones Unidas (ONU) reveló que en lo que va de 2013, aproximadamente 1.800 mujeres han sufrido algún tipo de violencia de género (no incluyendo a grandes países como Brasil o México), y que además el 45% del sexo femenino de la región afirma haber sido amenazadas por su pareja, de acuerdo con la Comisión Económica para América Latina y el Caribe (CEPAL).

Bolivia es el país donde las mujeres admiten en mayor cantidad haber sufrido algún tipo de violencia sexual o física (52%), seguido de Colombia (39%), Perú (39%) y Ecuador (31%). Además, en Ecuador existe una flagrante discriminación hacia las niñas y mujeres. De acuerdo con la ONG Plan Internacional, el 78% de las niñas afirma que recibió algún tipo de maltrato en el hogar y 41% en la escuela.

La violencia de género en la sociedad y la universidad española

Concretamente en nuestro país 702 mujeres fueron víctimas fatales de este tipo de violencia en los últimos 10 años, lo que supone una media de 70 muertes por año.

Además, se registran anualmente 40.000 denuncias por delitos relacionados con violencia de género y de acuerdo con la Fundación ANAR 840.000 niños padecen la violencia que sufren sus madres. De las 600.000 mujeres que en España son maltratadas, solo el 25% lo cuenta. Para empeorar aún más la situación, el maltrato en adolescentes aumentó un 30% en el último año.

La violencia de género también es frecuente en el sistema universitario español, donde de acuerdo al estudio realizado el año pasado por la Delegación del Gobierno para la Violencia de Género en conjunto con 12 universidades españolas un 4,3% admite haber sufrido violencia física por parte de su pareja y el 11,7% dijeron haber sido obligadas a tener conductas sexuales contra su voluntad.

Todas estas estadísticas e información se traen al conocimiento del lector, haciendo que también evaluemos que estamos haciendo para detener este mal. Hacemos también una investigación sobre violencia familiar entre cristianos y esto es lo que encontramos: Existe evidencia de que los episodios de abuso, particularmente abuso sexual, son tan altos en algunos tipos de hogares cristianos como en lo es en el público general.

Alarmante lo que se está viviendo desde los altares. El principio de ser hijos de luz, se ha quitado de muchas congregaciones, pasándole la mano al pecado o justificando este mal por el rol que tiene el hermano o líder.

Los escándalos de líderes en adulterio, la falta de ética ministerial, el post modernismo en este siglo que llaman a lo bueno malo y a lo malo lo llaman bueno es uno de los detonantes que han traído dolor y falta de credibilidad dentro de la iglesia del Señor. Solo falta echar una mirada a los programas televisados, muchos de ellos fuera del marco de la verdad de las Escrituras.

La Iglesia Metodista Unida encontró en una estadística hecha a su membresía que un 68% de las personas que fueron encuestadas habían tenido experiencia de violencia familiar; incluyendo abuso tanto físico como verbal entre los esposos.

La Asociación Nacional de Evangélicos en 1984 dijo que "que el problema de las familias cristianas de hoy comparadas con las familias no cristianas, son más similares que diferentes". Podemos decir que la violencia familiar sería menos común si la sociedad fuera menos condescendiente con las conductas violentas. Muchos medios de comunicación, con sus programas y enfoques, inducen a la gente a creer que la violencia es un medio apropiado para resolver problemas.

No podemos conformarnos a este siglo tenemos que transformar nuestra mente a la mente de Cristo. Dios necesita que su pueblo le crea y se mantenga firme en la verdad de su Palabra, Cristo no murió en vano Él es y será por siempre.

Familias en Sufrimientos

La Violencia Doméstica es un crimen y acto vergonzoso en nuestra sociedad. La ayuda que se brindar dentro de los parámetros de la ley no ha podido resolver esta triste situación y problemática.

El ofrecer diferentes perspectivas y orientaciones para esta problemática, que traerá una amplia influencia sobre una gama de profesionales que podrán asistirán a las mujeres golpeadas y a sus familias, traerá por siguiente una amplia demanda de profesionales tanto en el campo de la medicina física como en la salud mental donde buscan la atracción económica más que el bienestar de las familias perjudicadas.

"La actitud comunitaria hacia la violación, los violadores y sus víctimas no se mide por las declaraciones compasivas o indignadas de los funcionarios públicos sino por los servidores que se brindan al trabajo arduo buscando la estabilidad de las familias. La calidad, rapidez y sensibilidad de los servicios proporcionados en los diversos ámbitos (legal, médico, de salud mental y servicio social) determina el grado de respeto, dignidad y seguridad que la comunidad atribuye a las víctimas". Estos puntos al seguimiento verdaderos de los que intervienen en la ayuda son de gran valor y contribuyen al mejoramiento de las familias y cuanto puedan confiar en las instituciones que brindan el servicio.

Aunque la cita se refiere a violaciones, bien puede ser aplicada a cualquier forma de victimización de la mujer o el menor. No es solamente la respuesta de los organismos comunitarios la que expresa el respecto y afecta la dignidad y seguridad de la mujer, sino también la de los individuos (pares, amigos, vecinos y compañeros de trabajo). Pocas veces se tiene en cuenta este aspecto de la comunidad en las iniciativas contra la violencia. Sin embargo, a largo plazo, puede significar un recurso clave, no solo para garantizar la seguridad de la mujer y sus hijos, sino además para reducir la violencia en el hogar.

Las víctimas secundaria", mirando un nuevo enfoque de las intervenciones relacionadas con los niños, se nos hace ver y se nos informa en las investigaciones del problema y desventaja que tiene un niño que ha sido testigo de la violencia familiar. Este tema trae un artículo publicado en The Survey en 1924 por la pediatra Ira S. Wile que expresa lo siguiente: "Sin duda, es verdad que el hogar donde las peleas son frecuentes tiene pocas ventajas comparadas con la atmósfera estable que asegura el divorcio. Sin embargo, mientras la crueldad no esté dirigida a los menores, al menos no padecerán las presiones internas que producen cuando el divorcio rompe a una familia o quiebra los lazos intangibles que son alimentados en el ámbito hogareño. (Wile, 1924, p. 474).

Si bien quizá fue una de las primeras profesionales en comprender y comentar los sufrimientos que los niños padecen en hogares pendencieros, no comprendió plenamente los efectos negativos de la violencia sobre el niño testigo. Aunque no recomienda una intervención dirigida a él, sugiere que el niño no es el problema; la solución a sus dificultades sólo se alcanza a través de una modificación del medio social (Wile, 1924, p.473). El sufrimiento de los niños a causa de ser testigo de violencia doméstica es traumante. Podemos ver las estadísticas de la cantidad de adolescentes que entran a la prisión por la rebeldía y hasta por matar a la persona que abusaba a su madre. Los programas educativos y de manejo de agresividad para victimarios intentan modificar el comportamiento violento a través del cambio de actitudes, la enseñanza de oficios, el mejoramiento de los problemas psicológicos y otros mecanismos.

Además de sus aspectos de rehabilitación, garantizan cierto grado de supervisión. La mayoría de estos victimarios copian un patrón de abuso visto en sus hogares. Sus padres eran unos abusadores con su mamá al igual que con ellos.

Este patrón la mayoría del tiempo se trasmite de generación en generación. Solos los que llegan a los pies de Cristo y deciden tomar la decisión de cambiar bajo la intimidad con el Señor y ayuda en terapia cristiana lo logran. Observe bien lo antes dicho "solos los que llegan a los pies de Cristo". Aclarado los que se parecen a Jesús y lo imitan hacen la diferencia y el cambio.

Las falsas esperanzas, inspiradas por las promesas de progresos que algunos programas hacen, afectan los intentos de algunas mujeres abusadas de abandonar la relación o buscar otras acciones legales. Estos programas, como sanción única del delito de violencia doméstica, podrían afectar la percepción de la seriedad del abuso por parte del agresor y de otros miembros de la comunidad.

Algunos programas no están basados en la vida espiritual y piensan que los agresores pueden cambiar con unas semanas de terapias y algunos medicamentos. Lejos están de la verdad y el problema es que ponen a la víctima en riesgo y a toda su familia. Expongo toda esta severidad por el mal concepto de parte de programas que prometen seguridad y transformación de las personas con toda seguridad.

Esto es imposible sin arrepentimiento y buscar del Señor Jesús. El único que puede transformar y restablecer se llama Jesús. Cuando una familia que ha experimentado la violencia masculina entra en terapia, surgen las siguientes preguntas: La violencia familiar, ¿Es un delito o una disfuncionalidad? ¿Cuál es el papel del terapeuta: rehabilitar los sistemas del agresor o conseguir que lo castiguen? ¿Deben los terapeutas comprometerse activamente con sistemas más amplios que la familia? (Bograd, 1992). Estas y otras cuestiones dan forma a la creciente controversia entre los terapeutas de esta orientación, y entre ellos y los activistas del movimiento de mujeres golpeadas.

Estas últimas sostienen que la terapia de familia no ha sido efectiva en los casos de violencia masculina contra la mujer. Como podemos observar el amor de Dios es el que nos empuja a hacer la diferencia. En las terapias o consejerías de personas que han tenido trauma o que han sido el producto del trauma, debemos reconocer que tanto uno como el otro pueden ser víctimas de la sociedad o vida familiar que vivieron. Reconocer que la restauración es de Dios para todo aquel que la quiera, y nosotros somos sus instrumentos.

Debemos reconocer que la mujer que es golpeada comienza a tener vulnerabilidad y se siente con miedo y culpabilidad extrema. Ella piensa que su agresor la va a pasar mal por su culpa. Es bueno saber que esto es lo que él siempre le ha hecho creer. El agresor toma la mayor parte del control de su víctima. Los pensamientos y el conducir de ella la persona alrededor de lo que él quiere. El poder de control que él ejerce sobre ella sigue en su mente aunque él no esté a su lado. Este sentimiento la paraliza y no la deja actuar en favor de ella y sus hijos.

Lo más doloroso es encontrar a una víctima excusando a su agresor y poniéndole por encima del dolor y sufrimiento de sus hijos. Cuando una mujer viene al matrimonio marcado por el maltrato de su progenitor piensa que lo que está viviendo es normal, piensa que ella solo es un objeto de obediencia a su esposo y de satisfacción sexual para él.

Piensa que ella no tiene derecho a pensar, a desear y a sentirse satisfecha porque su rol es solo el de complacer y mantenerse en silencio ante su señor, su esposo. Lamentablemente en algunas congregaciones se enseña de esta manera. Rebajando el papel de la mujer como el del perro de la casa. En muchas familias las mascotas son tratadas mejor que la esposa. Lejos estamos de la enseñanza de Jesucristo cuando le dijo al varón "Ama a tu esposa como yo amé a la iglesia". Cristo amó la iglesia tanto que se entregó por ella. Derramó su sangre y permitió que su cuerpo fuera molido a causa de que ella llegara a la presencia del padre. Ese es el amor que tu cónyuge te está mostrando para que puedas sujetarte a él.

El arma que mató a mi esposo fue la misma que mató a mi padre

Cuando uno experimenta la muerte de un ser cercano, sobre todo de una persona con la que compartí muchos episodios de distintos índoles, uno de ellos que considero el más hermoso y el que más fuerza me ha dado, son los dos hijos que nacieron de la relación matrimonial.

Ellos nacieron en durante un periodo en el pasado muy triste y doloroso en el que yo vivía, sin embargo mi hijos no forman parte de la circunstancia y más bien hacen posible que el significado bíblico tenga un significado real y tangible cuando expresa

Los hijos son un regalo del Señor;
los frutos del vientre son nuestra recompensa.

Los hijos que nos nacen en nuestra juventud
son como flechas en manos de un guerrero.
¡Dichoso aquél que llena su aljaba
con muchas de estas flechas!
No tendrá de qué avergonzarse
cuando se defienda ante sus enemigos. Salmo127:3-5

Mis hijos son el bálsamo y la bendición del cielo que me mostró una parte de ese incomprensible amor que nace del corazón de Dios.

La vivencia de y la incertidumbre que se apodera de uno al ver a un miembro de la familia ser asesinado, produce un sentimiento de inutilidad y profunda exaltación nerviosa al no poder hacer nada para detener una tragedia o para reparar un episodio tan dramático.

Mi padre que siempre había sido un violento victimario y víctima al mismo tiempo, le vociferaba con insultos. Ambos permitieron que creciera el ambiente hostil en aquel día oscuro y trágico, mi esposo del mismo modo se exaltó como solía hacerlo cuando dejaba que su desenfrenado carácter le dominara.

El grito de la muerte ensordeció a los presentes cuando mi padre presionó el gatillo del revólver, impactando de muerte a mi esposo cinco veces. Lo inevitable tomó su curso, el corazón dejó de palpitar y su cuerpo se estremeció.

El ego de la violencia

Con el paso de los años he llegado a muchas conclusiones con respecto a la perspectiva y el significado de la violencia humana, una de ellas es que la violencia es el ego enaltecido que impulsa al ser humano a pasar por encima de su prójimo, el ego inicia como una aparente inofensiva reacción inmadura en la etapa de nuestra niñez. Cuando hemos nacido empezamos la transición de desarrollar costumbres y la actitud con la que tomaremos decisiones cuando ya seamos adultos.

Si no existe un adulto responsable que esté dispuesto a darle seguimiento educativo al niño o a la niña, cada vez que exista una señal de egoísmo, entonces esos niños crecerán con perfiles cada vez más pensando en cómo beneficiarse ellos y no tendrán reparo en que su prójimo salga perjudicado en un intercambio de una relación comercial o de una relación sentimental.

Es necesario para el sano crecimiento emocional y del carácter de nuestros niños y niñas, que nosotros los padres y las madres, estemos atentos a toda señal egoísta que venga de nuestros hijos, para de inmediato tomar las medidas que sean necesarias, para detener esos impulsos humanos y naturales.

Lo natural del ser humano no siempre es sinónimo de bueno

Debemos comprender que no todo lo que es natural y humano es necesariamente saludable para todos los momentos y etapas de la vida.

En los primeros meses de la vida de un recién nacido, es común y es natural que cuando inicie una relación de amistad con otros niños y niñas de su edad, existan los primeros actos de egoísmo, en esa etapa pelear por un juguete o por el derecho a sentarse sobre el tren de plástico, es un acto muy natural, pero es la responsabilidad del adulto ser ejemplo de paz, de armonía y de consenso para la niñez.

De lo contrario esa actitud natural y necesaria para aprender a defender lo que le pertenece, a defender su identidad y su derecho a la privacidad, seguiría creciendo de forma desmedida y para cuando sea adulto, esa persona creerá en su mente que todo el mundo se debe movilizar alrededor de sus acciones, gustos y deseos personales.

La violencia es un arma y es mortal.

Cuando hablamos, escribimos o pensamos en un arma, imaginamos una espada, un revolver o una flecha. Sin embargo creo que existen solo tres razones por las que un ser humano presiona el gatillo de un revolver, una de ellas es porque tiene hambre y sale a cazar para sustentar a su familia, otra y menos común es por un acto de defensa personal y la otra es porque la violencia del ego lo impulsa a matar otro ser humano.

Esto incluye a los gobiernos y ejércitos que salen en acciones militares, todos sabemos que detrás de cada guerra siempre hay intereses egoístas que reclaman la soberanía del pensamiento individual de una sociedad o de una persona.

La violencia mata, primero deprime, destruye y el dedo siempre está sobrepuesto en el botón que abre la escotilla por la que saldrá la muerte para destruir a su víctima. Solo toma su tiempo pero tarde o temprano la violencia mata, a algunos les mata las emociones y a otros el cuerpo.

Así como el arma de la violencia mató a mi esposo a manos de mi padre, mi tío poco tiempo después buscó a mi padre y le disparó quince veces en su cuerpo, asegurando una muerte definitiva e instantánea.

Hoy mi padre y mi esposo ya no están entre nosotros, ambos victimarios y al mismo tiempo víctimas, fueron asesinados por la misma violencia asesina que día con día sigue matando a personas alrededor del mundo, como una de las armas que Satanás utiliza para atemorizar a víctimas de violencia doméstica, también la emplea para aprisionar al abusador para que este se autodestruya.

Si usted es violento, usted es esclavo de la muerte...

Made in the USA
Columbia, SC
06 March 2020